リュックの中身。たった、これだけの荷物で、日本中、いや世界中を飛び回る生活を送る。商売道具の着物が一番かさばる。落語会会場で販売するオリジナルグッズの手拭いやCDもある。下着や着替えはないが、いったいどうするのか？　詳しくは本文をお読みください。

着物を広げた状態。家がないので、レンタルコンテナで保管する。

その落語家、住所不定。

タンスはアマゾン、家のない生き方

落語立川流真打　立川こしら

光文社新書

はじめに

「家、ないんですよ」

こう言うと、大抵は「触れてはいけないところに触れてしまった」という空気になる。早くに親を亡くした人に家族の思い出を聞いた時のような申し訳なさというか、

「しまった」

という表情になるのだ。

そうでなければ、落語家特有の冗談と解釈して流そうとする。流しにかかった相手には駄目を押す。

「本当に家ないんですよ。今日帰らなくていいのでオール行きますか？　明日の夜、落語会があるのでそこまで行けますよ！」

家がないことを冗談にされるのは心外だから、空気が悪くなってもわからせる必要がある。家がない＝どこかに人間的な重大な欠陥がある——そう思い込んでる人の価値観を壊すのが楽しくてしょうがないのだ。

ここから私のプレゼンタイムがスタートする。

いかに家がないことにメリットがあって、この暮らしを成り立たせてる「私が」凄いのか。

まあ、大半は「想像よりヤバイ人なのかも」と距離を置かれるのだが、中にはある一定の評価をしてくれたり、ごく稀に崇拝と思われる視線を向けられることもある。

この受け入れてくれた人たちと仕事をしたり付き合ったりしていけばいい。

これだけ価値観が多様化した世の中で、全ての人に受け入れられるのは無理だ。キリストでもブッダでも成し遂げられていないんだから。

だから私は決めた。

井の中の蛙でいい。

反対意見を聞くことは大切だけど、否定の意思を受け入れる必要はない。所詮わかり合えないのだ。そこを説得する時間があるのなら、身の回りを楽しくすることにエネルギーを使った方が良い人生が送れるハズ。

落語立川流真打

これが私の肩書きだ。しかし、別にどうでもいい。
落語家であり、伝統芸能のジャンルで、階級もカンストしている。
誰でも手に入れられる称号じゃないから、より価値が付く。
この希少価値を「どうでもいい」と言える私のかっこよさったらない。
肩書きなんかなくてもいい。日本に生まれただけで人生はイージーモードだ。

最先端のサービスや考え方を簡単に体験できる。身一つだけで生きていける方法を手軽に得られる。

その中で私は落語を選んだ。その結果、落語家であって立川流であって真打であるだけで、重々しい肩書きなんて不要なのだ。

お客さんが来てくれて、私の噺《はなし》にお金を払ってくれる。日本円じゃない時もあれば、現物支給の時もある。私の噺や存在に価値があると思ってくれる人がいさえすれば、それだけで生きていけるのが日本に生まれた特権だ。

別に落語に限ったことではない。ものづくりにしても接客にしても、その人に価値がありそこに対価を払いたいという人が100人いたら、それだけで暮らしていけるのではないだろうか？

井戸の中は理解者が100人でいいのだ。

肩書きを意識すると回りも変わってしまう。

真打だから、食事はこのレベル以上でないと……お迎えは……失礼がないように……。

それに釣られて本人も見栄を張り出す。味もよくわからない高級寿司屋で「ネタが違うね」なんてわかったフリをする。

「高座に上がる前はコレとコレを用意して」

そうやって、少しずつ肩書きに縛られてしまう。

もちろん、本人が本当に望んでいるのなら話は別だ。それこそ、昇進して回りの対応が変わった優越感は気持ちのいいものだ。

だけど、それは一瞬でいいんじゃないだろうか？　優越感なんて、自分より下を見つければいつでも浸《ひた》れる安易な幸せに過ぎない。

優越感がルールになり、それが習慣になる。

肩書きに縛られる初期症状だ。


富がある。名誉がある。肩書きがある。

そんなもの、人生にとって些細《ささい》なスパイスに過ぎないと思っている。

一生という時間をどれだけ楽しく暮らせるのか。

まずはそこからスタートするべきなのだ。

これだけ文明が発達した人類が、生きることだけで精一杯になっているのは、先祖に対して申し訳ないと思うべきだ。

家がない。

家は、動物なら巣——外敵から身を守るためのモノだ。
身を守らなくていい生き物——それは最強だからだ。
家という概念を持たない——これは身を守る必要がない圧倒的王者の特権だ。

何かを所有するというのは武器を手にすると同じ意味で、鎧《よろい》を身にまとうことになる。
しかし、生活の場を大地のみならず、宇宙空間から仮想空間にまで広げようという我々人類が、何に怯《おび》える必要があるのだろうか？

何も持たない。
何にも縛られない。

これこそが究極の進化のかたちなのではないだろうか？

その落語家、住所不定。

目次

第7章　落語について……171

おまけ　こしらのはんせい……205

第1章　持たない落語家になるまで

なぜモノが不要なのか。

結論から言うと、すでに持っているからである。

この「持つ」は「所有」とは異なる。つまり、「所有しなければ自分のモノではない」という考えを見直した方がいいのだ。使い方がわかる、特徴や特性を理解している、そんなレベルでも、「持っている」という概念に入れてしまうのだ。

この一点で人生が変わると言っても大袈裟ではない。


何も持てない時代、私は落語家立川志らくに入門した。いろいろあって入門を許されて落語家として第一歩を踏み出したのだが、そこはあまりにも過酷な世界だった。

過酷なのは、私が何も知らずに入門したからだ。

プロ野球選手になりたいと言っている男（二十歳《はたち》）が、プロ野球選手の名前を知らない、野球のルールもわからない。その上でプロ野球選手になりたいと言っているぐらい、私は落語の世界を知らずに入門してしまったのだ。

運がいいというレベルを超越しているだろう。きっと前世で世界規模の善行を積んだとしか思えない。

なぜ落語だったのか。

その時の私の心情を素直にトレースすると、「どうなってもいいや」である。軽いにも程がある。伝統や落語界に対してこんな失礼なヤツはいない。

仮に今の私のところに私自身が入門してきたら、間違いなく断る。そんな無礼なヤツを入門させるわけにはいかないからだ。

それぐらい「どうでもいい」という後ろ向きな情熱で入門した私に、必要最低限の知識すら備わってないのは当然だろう。

打席に立つ前に「打ったらどっちに走ればいいですか？」と監督に質問する選手はいないだろう。

それとそう変わらない態度だったのが私だ！

もう胸を張って言ってもいいと思ってる。その方が清々《すがすが》しいでしょ？

入門して初めてわかったのは、お金をもらえないということだ。いや、私が所属する立川流では、逆にお金（一門会費）を払わなくちゃいけない（これは立川流特有の仕組みであり、他の落語団体にはない。現在は一門としての明確なルールはない。私は弟子から取っている）。

そしてもう一つ、師匠という存在は絶対神であるということを知った。

困ったらバイトすればいいという安易な逃げ道はない。バイトのシフトより師匠が優先なんだから、アルバイトなんてやってられないのだ。何よりアルバイトをするぐらいなら、落語家になんかならずにバイトリーダーを目指せばいいのだ。

入門して勉強中、修業期間中は落語家として商品にはならない。だから、そこにギャラは発生しない。そりゃそうだ。自分に価値がないのだから。

そのうち名前をもらえ、落語家として存在することを許してもらえる。しかしその過程で多々迷惑をかけるのは目に見えている。そのために一門会費を払う必要があるのだ。

収入がなくても支出はある。これが確定していた世界に私は足を踏み込んでしまっていた。知らないということは恐ろしい。

だが面白い。

私の世代であれば、冒険はフェードインから始まるものなのだ。ひのきの棒でスライムを叩き潰して金を集めて装備を揃える。無理せずにその世界を理解できるのがＲＰＧの定石だった。

それがいきなりの高難易度。

この落語界（より正確に言えば落語立川流）というシステムに、私は魅了された。

厄介《やっかい》な先輩と厄介な後輩。師匠に認められることなんか絶対にない。金はない。人権すらなくなったと錯覚する世界。

「どうせたいした人生を送れるわけじゃない」とひねくれていた私の闘志を掻き立てるには、十分なフィールドだったのだ。

最初に必要なスキルは、盗賊か忍者である。

前座（見習い）は主役ではない。バフ・デバフ職（直接攻撃するのではなく、味方の能力を上げたり、敵の能力を下げたりするゲーム上のキャラ）ですら眩《まぶ》しいのだ。

師匠に迷惑をかけない。何よりも師匠が最優先である。王様による討伐命令なんて霞《かす》むぐらい絶対的なルールが「師匠に迷惑をかけない」ことなのだ。

成功は求められてない。何よりも失敗してはいけない。

失敗しない方法は、ここまでの人生（20年）で身につけている。秘訣はこれだ！


「何もしない」


これが最強の失敗しない方法だ。

失敗を恐れる、失敗を必要以上に責められると、「何もしない」という答えにたどり着くのは必然である。多くの無気力な若者を生み出している原因は、失敗を許さない社会にある。

しかしそのおかげで、私は失敗しないスキルを身につけることができた。


だから極力、師匠の視野に入らない努力をした。なぜなら私は目障《めざわ》りだからだ。そのためには師匠の視野を把握しなくてはならない。普段の師匠をとにかく観察する。どこを見ているのか、どこに意識が向かっているのか。とにかくパターンを掴まなくてはいけない。

これこそ忍者のスキルである。多分、私は忍者を目指していても、そこそこのレベルには到達できたのではないかと、今なら自信を持って言える。

同期入門に「らく丸」という兄弟弟子がいた。

命名の理由は忍者みたいだから。彼はよく姿を消していたのだ。私と同じ方向性で、失敗を回避しようとしていたのだろう。

しかし、彼は大失敗をしている。

正体がバレているのである。忍者にとって忍者と知られてしまうことは致命的だ。もう廃業しなくてはいけないぐらいの大失態なのだ。

その時に私がもらった名前が「らく平」だった。

どこにいても平気な顔をしているからというのが、その理由だ。

そう。常にフラットでいることで自分の正体を隠す。これが本物の忍者スキルである。

私がどれだけ叡智《えいち》を凝らしても、相手は師匠である。どうやっても私の魂胆は見抜かれる。

無理難題を振られてしまうのは避けられない。逃げ続けてもゼロにはできないのだ。

そういうピンチの時にどうするか？

堂々と、対応するのだ。

あたふたしそうな自分を騙《だま》し、自分に言い聞かせる。「こんな問題、楽勝ですね」と。師匠の前では平然と対応する。

その後、残された時間で必死に解決しようとする。解決できない場合はごまかす。

指令が下った段階であたふたする必要はない。まずは師匠に不安感を抱かせないことが大切だ。

問題解決なんて、まだ先なのだ。不安も恐れも先送りすればいい。その瞬間の最大幸福を追求することが、師匠を不快にさせない近道である。

そのアピールは、しっかり師匠に届いたのだろう。

「どこにいても平気そうな顔をしてるから、お前はらく平だ」

私の冒険は、姿を消す忍者からスタートしたのだ。

師匠と落語界への対応方法が多少わかってくると、余裕が出てくる。

どんな冒険にも困難は付き物だ。ギルドから発令されるクエスト（仕事斡旋所《あっせんじょ》から、勇者たちに与えられるノルマのようなもの）は無限にある。

次なる問題は金がないことだ。

ここまで気が付かないのも我ながら立派だが、根っからの馬鹿なのだから通常営業である。多少時間の余裕が出てきても、アルバイトするのは違う。何度も言うが、そんな簡単な方法でクエストをクリアしては何の意味もない。チート（正攻法の攻略方法でなく、汚いやり方）と同じだ。

ではどうやって解決するのか？

待つのである。

明日食べるものがないぐらい貧しいと、訪ねてくる人も限られる。やってくるのは新聞勧誘か宗教勧誘である。素晴らしい嗅覚《きゅうかく》だ。

落語の世界で前座というのは、人権が認められてないのと同じ扱いになる。精神的にも辛い私に温かい声をかけてくれるだけでも、涙が出る程ありがたい。

残念ながら、新聞勧誘は金がないとわかると優しくはしてくれないのだが、宗教勧誘だけは違う。熱心に通って悩みの相談にも乗ってくれる。

こんなにありがたい人々はいないのだ。

ある日、空腹であることを打ち明けた。

「うちに食べにいらっしゃい」

天からの声である（キリスト教系の宗教ではないので、天じゃないかもしれないけど）。

遠慮なくお邪魔した。翌日も、また翌日も。

しばらくすると居留守を使われるようになった。なんて心の狭い神様だろうか。毎日ご晩を食べに行く私が悪いのだが、「いつ来てもいいわよ」の誓いはどこにいったのか？

まあ、先方も毎日三食、食べに来るとは思ってなかったんだろう。「旅行に行く」とか「孫が来る」とか、様々な理由をつけて私の訪問を断るのだ。そりゃそうだ。

訪問を断ることに関して、宗教勧誘員は経験値が違う。普段の逆をやればいいだけなんだから。

「もう来ないでください。迷惑です」

こうして私は食を失った。

一つ学んだのだ。相手の言葉を額面通りに受け取ってはいけないということを。

暗い部屋で空腹を我慢していると、また来客がある。別の宗教だ。同じ失敗を重ねるわけにはいかない。もう経験値は十分だ。同じように空腹を訴えると、「食べにいらっしゃい」の流れである。そして経験を活かす。週に一度の訪問に抑えるのだ。毎日満たす必要はない。細く長くである。

人は学んで成長する。

しばらくすると、別の宗教が勧誘に来る。空腹を訴えると「食べにいらっしゃい」の流れ……。

もう私にとっては、食事の宅配サービスと同じだ。週一回の食事を様々な宗教で補ってゆく。

こうやって気が付いたら、両手じゃ収まらない数の宗教に入信していたのだ。

毎日違う教えのお宅に伺っては、食べ物にありつく。

金はなくても腹が膨れる方法を私は身につけたのだ。

血色も良くなり、落語にも力が入る。楽屋でもキビキビ手伝いができる。

食の改善で、人生は好転するのである。

この頃からである。手に入れたいモノがある場合、必ずしも金が必要とは限らないことを覚えたのは。


次なる難問は、一門会費だ。まあ、わかりやすく言うと上納金である。毎月現金を師匠に持っていかなくてはならない。

現金がなくても死なない暮らしを手に入れたと思っていたが、一門会費を払わなくては、落語家としての死を迎える。やはりどこかで金を稼がなくてはいけない。


先程書いたように、その頃になると、各宗教で馴染《なじ》みのお婆ちゃんをつかまえていた。大抵は一人暮らし。向かい合って楽しくご飯を食べるのだ。私を息子か孫にダブらせているのだろう。食事をもらえるのだから、それぐらい演じるのが恩返しというものだ。

一人暮らしのお年寄りの一軒家。

ここで私は現金を稼いでいた。一門会費（上納金）を工面するのは、善意にすがる他なかったのだ。

安心してほしい。詐欺や盗みのたぐいではない。

間取りを把握して、頭に叩き込む。お婆ちゃんの生活の動線をイメージする。寝室があってリビングがあって、トイレ、お風呂場、洗面所、玄関……。

目の端で確実にチェックしていく。

何を探しているのか？

賢明な方は気が付いていると思うが、正解は、

切れた電球

である。

蛍光灯も含まれるが、とにかくこれを見つけなくてはならない。見つけたら戦闘開始。

先程イメージした生活の動線を軸に、その場所が暗いことによって起こりうる事故を何パターンも提示する。

「危ない」ということを訴える、「お婆ちゃんに怪我してほしくない」ということをアピールするのだ。

「そんなに困ってない」と誰もが言う。

しかし、これこそ私の次の一手のために必要な言葉なのだ。

「心配ですから、待っててください」

そう言ってホームセンターに向かう。急いで電球や蛍光灯を買ってくる。

正直、たかが数百円の出費であろうと、その頃の私にとっては大金だ。現金が財布に入ってることが稀なのだから。でも買うのだ。そして、戻って付け替える。

高い所にある電球程、取り替えるのは面倒だ。

パッと明るくなる。

暗闇で外敵から身を守るために怯えていた、太古の昔の遺伝子が反応するのだろう。

明るくなると、人は自然と笑顔になるのだ。

そして、不思議と財布の紐が緩む。

「ありがとうね」

数百円が数十倍になるのである。

これが私の一門会費の作り方だった。

寂しいお爺ちゃん、お婆ちゃんを探すのに宗教は最適解である。食事と現金収入を確保できたのは、立派な教え（宗教）のおかげである。

この場を借りて、各宗教の創始者、神、指導者にお礼を言いたい。

日本の原点は八百万《やおよろず》の神だ。どの信仰も平等に受け入れる土壌はあるハズだ。


私は宗教ジゴロに転職したのだ。


この経験から、私は大事なことを学んだ。先行投資なくしてビジネスはあり得ないということ、そして、人を笑顔にしてこそ商売は成り立つということだ。

これらのことは、今でも私の行動基準になっている。早くからこういうことを実体験として学べたのは、とても運が良かったと思っている。


こうして私は生活の基盤を手に入れたが、あまりにも底辺過ぎる。常識の範囲で言ったら生活は成り立っていない。

さらなる高み（日本人の平均）を目指さなくてはいけないのだ。私の冒険は始まったばかりだ。

宗教にすがる暮らしも、永遠に続くものではない。そりゃそうだ。大半の宗教は掛け持ち禁止である。

公務員がバイトするレベルの禁止ではない。生きるか死ぬかのレベルで禁止なのだ。魂の問題と言っても過言ではないだろう。

私の不届き者具合が少しずつ広まっていく。一つ一つクビになるのだ。思想が絡んでくると、必ずしも勉強熱心さが褒められるわけではなさそうだ。

一つの教えに絞ると、そこをクビになった時に路頭に迷ってしまう。だから、並行して他の教えも勉強していた。見方を変えれば、私は勤勉なタイプなのである。

しかし、その頃には落語の方の収入が少しずつ増えており、食事ぐらいは何とかなるようになってきた。

別の方法で一門会費を用立てなければいけない。

この頃、付き合いが多かったジャンルがお芝居だった。

類は友を呼ぶとはよく言ったもので、収入や境遇が似ている者は自然と惹かれ合うのだ。金はないが、体力と時間と夢はある。

婚活では全く役に立たないモノを凝縮したような集団だが、私のセカンドステージはここだった。

物語を作るという一点で、落語と非常に相性がいいのが、お芝居である。大きく違うのは道具だ。大道具、小道具、衣装……。落語では全て想像で補うモノを、お芝居では実際に用意しなくてはならない。

ある日、私の狭い部屋に集まった、とある劇団員の一人が言った。

「この机、貸してもらえないか？」

なんの変哲もない木の机、しかも粗大ゴミ置き場から勝手に持ってきたモノだ（今は犯罪になるのでやってない）。

今度上演する芝居の小道具にピッタリだというのだ。

交渉の結果、５００円で１カ月レンタルすることが決まった。

別に机がなくても生活に支障はない。不用品を貸し出すだけでお金をもらえるのだから、こんな簡単なビジネスはないだろう。

レンタル期間が終了した私の机は、ゴールドに輝く机として返却された。

金色に塗ったらしい。

お詫びとして500円もらった。のだが、4本あった足が3本に減っていた。自立はするが、少しでもバランスを崩すと倒れる。

残念ながら、1000円（半分はお詫び代）で机を失ったが、元々拾ってきたゴミである。

それが私に富をもたらしてくれたのだ。


この机の返却こそ、私の新たな商売が始まった瞬間であった。

「小道具捨てるの、手伝ってもらえないか？」

芝居で使った小道具や衣装は、いつまでも保管していられないので、捨てるしかなかったようだ（その時の芝居は、全てを金に換えられる神話を題材にしていたらしく、机以外にもあらゆるものが金色になっていた）。

全て私が引き取った。

もちろん、処分費用として3000円もらった。

ゴミを片付けるとお金になるのだ。どんな事柄だろうと、人の労力が消費される状況では商売が成り立つのだ。

そこから私は、不用品の引取業者にジョブチェンジする。

要らないモノであれば何でも引き取った。

状態がいいものはネットオークションに出す。

オークションが優れているのは、買い手がプロってところだ。私が価値を決める必要はない。欲しい人が自然と価値を教えてくれる。商品の専門知識がなくても、適正価格で取り引きされるのである。所有者ではなく、購入者が値段を決める。なんて民主的なんだろう！

しかも、とても便利。

私が何でも引き取るという話が広まると、あちこちから依頼が来るようになる。どれだけ世の中の人が不用品に囲まれて暮らしているのかがよくわかる。

どんな家でも不要なものが必ずある。

それを処分費用をもらって引き取る。中には少し直せば新品同様という品物もある。

少しずつ工具を買い集めて、大抵のものなら修理できるスキルが身に付いた。

そして、これをネットで売る。

私が何でも持っているという噂が広まると、

「こういうのない？」

と、逆のオーダーが入る。

私が持っていれば、値段の交渉をして売る。持っていなければ予算を聞いて、安く買ってきて差額を利益としてもらう。

落語の世界で言ったら、私は「屑屋」だ。

この経験は、私の落語に絶対プラスになっているハズである。

リアルに「屑屋」をやっていたのだから、時代は違えど気持ちは通じるハズなのだ。


そして、実はもう一つ習得したスキルがあった。

「収納術」である。

ありとあらゆるものを引き取っていたが、すぐ売れる品物ばかりではない。在庫管理という意味でも保管場所が必要になってくる。

この頃には、細々とした修理技術を手に入れていたので、簡単な日曜大工ぐらいは朝飯前だった。

まずは、部屋の床面積を2倍にする工事に着手する。

部屋の広さというのは床面積に比例するのだ。

みなさんなら、どうするだろうか？「となりの部屋を借りる」あたりが落とし所だろう。

私はそんな愚は冒さない。

部屋を上下に分けるのだ。

四隅に新たな柱を立てて、部屋全体の大きさのテーブルを作る。

直立で過ごすことは不可能になるが、考えてみてもらいたい。部屋の中で直立でいる時間はそう長くはないのだ。寝る、座る、這う。これが私の部屋での過ごし方のスタイルだった。

床面積が倍増したことにより、収納力が格段にアップした。作業スペースも確保できて、いいことずくめだ（たまに、ストレッチのために外に出る必要はあるが）。

それでもモノは増える。引き取ることが私の本業である。さらなる保管場所の確保に頭をひねらなくてはいけない。

その時見つけたのが、押し入れの天袋《てんぶくろ》である。いや、天袋にはすでに荷物が押し込んである。見つけたのは天袋の上。そう、天井裏だ。

賃貸契約をしっかりカクニンしてないが、多分この空間も私が借りているのだろう。と、自分にとって都合のいい見解で作業を始める。

まず、天井裏の高さと同じ高さの丈夫な箱を用意する。ここにキャスターを取り付けて、紐を伸ばす。

次に、天袋から伸びた紐を天井の梁《はり》に結びつける。

完成である。

すぐに使わない商品はこの箱に入れて、天井裏の奥に転がしておくのだ。必要が出てきたら紐を引けば、ゴロゴロ転がって箱が手元にやってくる。

この紐が切れるとやっかいなので、命綱と名付けて細心の注意を払ってセットした。

天井裏は、床面積とほぼ同等の広さがある。

私は一部屋の契約で、3部屋借りたことになったのだ。

棚を作るだとか、デッドスペースを有効活用するなんてアドバイスはちゃんちゃらおかしい。

私レベルになると、日常生活の快適さを捨ててでも収納する。

素人とは覚悟が違うのだ！

次に目を付けたのはベランダだ。

３階建ての２階が私の部屋だった。

もちろん、ベランダには隙間なくモノが収納されている。私が目を付けたのは、その外である。この空間は使えるのではないだろうか？

ベランダの柵からはみ出した10台以上のマウンテンバイクのフレーム。持ち主から引き取ったモノだ（防犯登録でトラブルになってから、引き取る時に持ち主の証明と、譲り受けた旨の一筆をもらっている）。

そう。ベランダの柵からはみ出しているのだ。

では、どこまではみ出すことが許されるのだろうか？

賃貸契約書に詳しいことは記載されていなかったので、柵の外側（空間）に様々なモノを縛り付けてみた。万が一落下すると大変なので、鉄パイプと足場代わりのベニヤ板で、新たにベランダを延長する。元々のベランダと似た色に塗ると、さもそういうデザインで造られたように見える。

もちろん、雨樋《あまどい》も増設する。塩ビ素材の波板で屋根も付け、大家さんでも気が付かないぐらいのベランダができあがった。


車のバンパー、業務用停電回避装置、マネキン……。もう、ありとあらゆるモノがあった。私が持っていないモノはなかった。どんな注文にも対応できる。私が持っていない品物はネットで買って売ればいいのだ。

神になったような気持ちだ。ゴミの神かもしれないが……。どんな神様でもなれるだけ立派である。


何でも持っている。

しかし、その全てが私の欲しいモノではない。

いずれ金になるから持っているだけなのだ。

欲しいモノってなんだろう。

お金なのか?

落語家として生きるためにお金が必要だった。そのお金のために全てを所有した。

ここで気が付くのだ。落語家として生きることが目的だったのだ。

モノでもカネでもない。

私が欲しかったのは、コレだったのだ。

第2章

持たない落語家の1週間

月曜日の朝、とある部屋で目覚める。

前日の日曜日、夜に落語会の仕事が入っていた。

場所はどこでも構わない。まあ、山形と仮定する。山形で朝を迎える時は決まって小野川温泉だ。この温泉街が好きだからというわけではない。ここに仕事があるから滞在しているのだ。

私は5泊しても一度ぐらいしか温泉には浸からない。実は、風呂があまり好きではないのだ。シャワーでいい（とても泉質のいい温泉です。おすすめです）。

温泉に興味がない私には、温泉街というのは別の意味を持つ。


ここにはコンビニもない。バスもそんなに走ってない。もちろん大手家電量販店の類もショッピングモールもない。

あるのは人情とネット環境である。

実はこれだけあれば何も困らないということに気付かされる。必要な品物は、通販で事足りるからだ。

人は一人では生きていけない、とても弱い生き物である。

朝、温泉街を散歩していると顔馴染みが声をかけてくる。

「わらび食べてく？　昨日採ってきたから！」

何気ない会話から季節を感じられる。

「落語会どうだった？　珍しくお客さん入ってたみたいだね」

トゲのある話しぶりでも、心配してくれているところが温かい。

「夕方だったら駅まで送るよ」

そんなに暇ではないのだが、気持ちが嬉しい。

正直、この温泉街には最新の便利グッズはあまり存在しない。しかし、昔から何より必要とされている助け合いの気持ちがあるのだ。

物質的な豊かさばかりに目を奪われて、動物としての人間というポジションを忘れてはいないだろうか？

落語会の打ち上げが夜遅くに終わり、モバイルバッテリーの充電はまだ終わってないが、気持ちは満充電だ。

それが小野川温泉という場所である。

昨夜、ＶＰＣ（ネットワーク越しに借りている海外のパソコン）でエンコード（映像などアナログ情報をデジタル情報に変換すること）をかけていた動画ができあがっている。スマホにダウンロードして、荷造りをして米沢駅へと向かう。

ノートパソコンを持ち歩くことはない。小さく軽く高性能と言われても、ノートパソコンはデスクトップのパソコンには敵わない。それならばいっそのこと、デスクトップを持ち歩く方が粋《いき》である。ＶＰＣのサービスとスマホはそれを可能にしてくれるのだ。

新幹線で東京へ向かう車内で、未完了だったモバイルバッテリーの充電を行い、アマゾンで下着と、私のオリジナルグッズ（手拭い）を注文する（69ページ参照）。送り先は次の次の仕事先である名古屋だ。

品物は名古屋へ、私は大阪へと向かう。

「寝るためだけに家に帰ってるようなもんだよ」

こういう忙しい人をたまに見かける。

私は睡眠時間の大半を移動中にまかなっている。眠くなったら移動するのだ。新幹線でも飛行機でもいい。

何日も前から予約すると安くなるというチケットがあるが、私からすると安くない。行動を縛られてしまうことの機会損失の方が、よっぽど痛手である。

どこかに行きたい、誰かに会いたい、何かを食べたい——。

何でもいいのだ。わずかでも湧き上がる衝動があれば、それこそが道標になるのだから、素直に従えばいい。文明に圧迫されている今だからこそ、わずかに残る本能を掘り起こさなくてはいけない。

それもこれも、家を持たないからこそ選択肢が広がるのだ。

場所に縛られない大きな要因は、インターネットの充実だ。

しかし、気軽にネット通販が利用できるといっても、そこには人の気持ちが存在する。

落語会で「アマゾンでポチってくださいね」とオリジナル手拭いの宣伝をするより、会場で直接手売りする方が興味を示してくれるのだ。

そこは品物でなく、心と心の触れ合いだから。

在庫はアマゾンの倉庫（正確にはフルフィルメントセンター）に置いておけばいい。そしてそこから必要な分だけ引き出せばいいのだ（69ページで後述）。

陳列販売と在庫管理を同時にこなせるのは、通販の発達と、日本の配送システムが優秀だからこそだろう。


大阪に到着して、Airbnb《エアビーアンドビー》で近そうな宿を予約する。

夜は、落語会だ。

それまでの時間、喫茶店で仮想通貨の値動きをチェックしたり、ネットゲームをやったりして息抜きの時間を積極的に作る。

この「息抜き」も仕事につながっていくのが私の特性だ。

仮想通貨研究家としてラジオ番組（文化放送）に呼ばれたりするから、息抜きも大切なのである。


落語会も大盛況で会場を出ると、大阪の知り合いから連絡があった。

明日、大阪でゲームのイベントがあるというお誘いだ。

もちろん、ｙｅｓ！

これが家を持たない私の最大の利点だ。

「家に帰らなければいけない」

というタスクが私には存在しない。

仕事から仕事の間は、全て私が管理できる時間なのだ。

時間に追われる現代で、自由になる時間を作ることはとても困難である。これが「帰宅」という概念をなくすだけで簡単に生み出せるのだ。


火曜日の朝。

新大阪のコインロッカーに荷物を押し込む。全国のコインロッカーは私のタンスや戸棚だ。

忘れないように、おおよその位置を、Google Maps《グーグルマップ》上にピンを打っておく。

さあ、自由時間の始まりだ。

スマホの充電だけ気にすればいい。どこにいても何をやってもいいのだ。

時間と気持ちに余裕が出ると、自然と人が集まってくる。

「こういうプロジェクトがあるんだけど」

いい大人がゲームで遊ぶだけというのも、これがなかなか難しい。合間合間に面白そうな誘いや提案がある。仕事の話にも発展するのだ。

それがきっかけでできた落語会もある。

Ingress《イングレス》落語会だ。

Ingressとは位置情報サービスを使ったゲームで、このゲームユーザーが企画して、お客さんも全てゲームユーザーというかなり特殊な落語会だ。

落語という表現技法は、どんなジャンルにでも対応できるのだ。二次創作は、こじれた人たちほど受け入れてくれる（詳しくは172ページ以降をご覧いただきたいが、私が演じる落語は全て古典の改作＝二次創作である）。

「お年寄りから子供まで。誰にでもわかりやすい」落語。

この対極にあるのが私が得意としている仕事である。

ゲームイベントが終わり、次の仕事先の名古屋に向かう。

この名古屋こそ、本来の私の家なのかもしれない。

正しくは「兄弟子の家」だ。

全国を回っていて、唯一「帰る」という行為が発生する。

家賃もかからない。公共料金も気にしなくていい。伝統芸能の特権――先輩が後輩の面倒を見てくれるのだ。

ただ甘えるのとは違う。そこには必ずリスクとリターンを発生させなくてはいけない。

簡単に言うと恩返し。

上から受けた恩は下に返すというのが鉄則だ。

名古屋にいる兄弟子、雷門《かみなりもん》獅篭《しかご》アニさんから受けた恩は下に返せばいいのだ。だから先輩には存分に甘える。甘えた総量以上を下に渡す。この循環が伝統を支えているのだ。

私の下となると弟子の「かしめ」だ。

甘やかすと精神的に脆《もろ》くなるので、かなり厳しく接する。

それが優しさである。

冷静に考えると、上に甘えて下に厳しい。何やら私だけ得をしているようにも見えるだろうが、それも「アリ」の世界なのである。

何ともあやふやで曖昧だ。

時代遅れの「ファジー」という言葉がぴったりな世界だと、常日頃から思っている。


水曜日から木曜日にかけて。

名古屋の仕事は水曜日のみ。

だが、次の仕事までここに滞在する。私が名古屋にいるとわかると、ラジオのお誘いや打ち合わせなどが自然とやってくるからだ。

アマゾンに置いてある私のための日用品や各地で見つけた面白そうなモノ（まあ、転売だな）がポツリポツリと売れる（69ページ参照）。

仮想通貨も、買った銘柄が値上がりしている。

落語家でありながら、落語をやらない時間でも私は収入を得ることができるのだ。

これもネット社会の新しい生き方ではないだろうか。

名古屋滞在中に、兄弟子の車修理に付き合う。自分がこれまで興味がなかったことでも、キチンと付き合うと新しい世界を垣間見れるものだ。

幼少期を千葉の田舎で過ごした私にとって、車は天敵である。

物心つくようになると、みんなの興味は一斉に車へと向かう。

仕方がないのだ、田舎には娯楽が少ないのだから。

天《あま》の邪鬼《じゃく》の私は、別の興味を探さなくてはいけなかった。みんなと同じであることを何よりも毛嫌いしていた若い頃の私は、とても生きづらかったのだ。

その車と、何十年ぶりかの再会である。

あの頃はあんなに嫌だった車というジャンルだが、今なら柔軟に受け入れられる。少し興味が出てくる。面白そうだと思い、オークションサイトで中古車を探してみる。

最安値で６万円だ！

これならばスマホを買い換えるのとさほど変わらない。じゃ買ってみるか、と気軽に考えられる。

車や家は大きな買い物と思いがちだが、最初からパーフェクトなモノを手に入れようとするから覚悟が必要になる。

何事もお試しでいいのだ。その上で、長期保有という概念を捨てればいい。

これが、フットワークが軽くなる秘訣とも言えるだろう。

オークションで競り落とした我が愛車は、この後たくさんの物語（ネタ）を私に提供してくれた。

ごく一部を紹介すると、車の販売所が埼玉の山の中にあったり、出てきた店員がターバンを巻いていたり、店員に話を聞くと、日本の中古車をアラブ方面に輸出している業者だったり、車を引き取り出発して１００メートルでガソリンが切れたり、ガソリンスタンドでタイヤの寿命がはるか昔に切れていると指摘されたり……といったことだ。

半年という短い寿命ではあったが、スマホの機種変更のタイミングとそう変わらないスパンだったから、十分に元は取れたのだ。

何気ない「車の修理手伝い」から、新たな経験という大きな財産を得ることができた。いっそ車中泊のみで暮らしてもいいかも……。私の生活を根本から見直すポテンシャルを秘めていたのが車だったのだ。

屋根に取り付けたソーラーパネルで充電もできる（駐車中は別のソーラーパネルを展開して、さらなる充電に努める）。キャンピングカー程の機能は必要ない。睡眠のみに特化すればいいので、カスタマイズは容易だろう。他のことは、これまでのサービスで全てまかなえる。

家がないからこそ、車での生活を現実的に考えられるのだ。

ただ、移動（運転）を全て自分でやらなくてはいけないというのがネックで断念してしまった。

移動時間は、勉強や食事、睡眠等、やることがたくさんある。

弟子に運転させるわけにもいかない。弟子をこき使わない優しい師匠という意味ではない。

私（師匠）は車中泊で、弟子（かしめ）がホテル泊ということになると、私が格好悪いからだ。回りから、私の一門が心配されるだろう。

自動運転が気軽に利用できる未来を、誰よりも待ち望んでいるのは私なのである。


金曜日、東京都内の仕事に向かう。

実に20日ぶりの都内ということもよくある。

久しぶりに弟子に会うが、大きなしくじりがない限り、特に報告は受けない。

毎月東京でやっている独演会（「こしらの集い」。第7章参照）が、私を都内に引き止める唯一の理由だ。

短い滞在期間内に打ち合わせ、ラジオなどの収録を済ませる。

東京は本拠地ではない。あくまでも通過する一地方というイメージだ。ただ仕事が多いというだけである。


ここまで、食事は全て外食。どこにいても変わらない。

地方滞在中でも、土地を代表する料理なんて滅多に食べない。ファミレスとかコンビニでいいのだ。

「食に対するこだわりが皆無」

これが最大の武器だと私は思っている。

毎日同じ食事でも全くストレスを感じないし、何よりウマイモノを食べたいという欲求が湧き上がってこないのだ。

「せっかく行ったのだから、美味しいモノでも食べてくれれば……」

と事あるごとに言われたものだ。

しかし、その「せっかく行った」に引っ張られて、大事なことを見逃してないだろうか？

流通が行き渡った現代、どこでもあらゆるモノを食べることができる。その土地でなくてはいけないのは、もはや味ではなくシチュエーションである。

旅先の食事は、栄養補給のためだけに行うものではない。出会いや発見も含まれてこそのものだ。ならば、その場所、その時間でなくてはできない出会いや発見を最優先するべきだろう。

私は人に会うことを優先したい。

観光客向けの食べ物なんて、その土地に住んでる人には興味の対象に入ってないことが多い。この時間、この場所でしか、この人に会えないという場合は、食事にこだわる理由はないのだ。

こうして、また新たな土日がやってくる。

週末はイベントを作りやすい。

土曜の朝、新たな場所を目指して移動する。

呼ばれたところへ行く。呼ばれてなくてもチャンスを掴むために行く。

どこかにとどまる必要はない。

なぜなら、私は家を持ってないのだから。

第3章 実践・家もモノも持たない生活

実家から独立して一人暮らしを始める時、最初に考えるのは住所を持つことだろう。住む部屋を不動産屋などで探すことが第一歩となる。その後、引っ越しを繰り返して、少しずつ条件のいい物件にレベルアップして……。

それが当たり前だと思っていた。

そのおかしな常識から抜け出せず、私も風呂なしのアパートから始まって、少しずついい（家賃が高い）物件へと移り住んでいた。

そろそろ車でも買って、そこまでメジャーじゃないけど、わかる人には共感されるようなちょうどいいブランドの服でも着て、なんて思っていた時期もある。

だが、ある時、目が覚めた。

車は必要なのか？

マンションは必要か？

ペラペラで窮屈なジャケットをなぜ着ている？

間違いの原因は見栄だった。

自分の成長を、俗に言う高価なモノを身にまとうことで誇示しようとしていただけなのだ。

しかも、この高価なモノは、自らが欲したモノではない。誰かが価値があると言い出して、みんなが漠然と価値があると思い込んでいるモノばかりだ。

成長によって手に入れたモノはとてもあやふやで、何となく世間で通用しそうなカードばかりだ。

こんなもの、ソシャゲのデータと何ら変わりない。

もっと言えば、私にとってデータの方がまだ価値がある。心の底から欲しいと思った瞬間があるからだ。

私は見栄のために、不要なモノで身を固めようとしていた。

そもそも、人を見た目で判断するようなヤツとは付き合いたくないと思っていたのに、いつの間にか自分もそちらに取り込まれようとしていたのだ。

どこに住んでいるとか、どこに所属しているとか、金を持っていそうだとか。

これだけ価値観が多様になった世の中で、自分が本当に欲しいと思えるモノを探すのは困難かもしれない。

しかし、それを見つけてそこに価値を見出すことこそ、今後求められるのではないだろうか。

誰かに評価されるのではなく、自分で自分の価値を決める。

漠然とした価値観から、抜け出さなければならない。


一時期、ステータスとされていた車でさえも、意味合いが変わってきている。

都内なら公共交通機関の方が確実だし、移動に限るならカーシェアリングサービスを利用した方が手軽でコストもかからない。

ちょっとした移動ならタクシーで十分だ。

タクシーが贅沢なんて昔の考え方だ。駐車場代、保険料、維持費等々、車を持つ方がよっぽど贅沢である。

何より移動時間を運転に使わなくていいというのが最大のメリットだ。

運転しながらスマホを使う必要があるなら、タクシーを使え！

その一方で、様々なコンセプトの折りたたみ式電動自転車が出てきたり（日本国内では規制があるため、あまり過激なモデルはない）、タクシーに代わるサービスのUber《ウーバー》もある。

移動の利便性とステータスを兼ね備えていた車の概念が変わってきているのだ。

ステータスの部分が弱まり、移動というものにより特化していく。そうなることで、もっと効率的でスタイリッシュな暮らしができつつある。さらに未来はどうなるのか、今から楽しみだ。

今一度、将来何が欲しいか、お金があったら何をしたいのか、本気で考える必要がある。

私は今、最低限の荷物で8割ぐらいのパフォーマンスを発揮することを目標としている。

普段身に付けるモノが私の所有する全てと言っても大げさではないから、細部にまでこだわる。

例えばバッグだ。

自分の持ち物を、ちょうどいいタイミングでストレスなく使えるようにするために、私はオーダーメイドのバッグを使用している。

デザインから素材まで、全て私のオリジナルだ。

値段は、よく聞く高級ブランドバッグと大差ない。

完全オリジナルで、最低ロットが50となれば、それぐらいの値段にはなる。

ここで考えてみた。

俺が欲しいと思うんだから、世界中を探せば、50人ぐらいは同じ感性の人がいるんじゃないだろうか。

日本国内だけだと厳しいかもしれないが、世界ならあり得る。

さっそくネット通販で販売してみると、これがポツリポツリと売れるのだ。

落語会なんかで販売しても、「高い」「ダサい」「使わねぇよ」など、前向きなコメントはもらえない。

別にそれでいいのだ。私が使いやすい、私が価値を感じるバッグである。みんなが良いと感じるモノは、それだけライバルが生まれやすい。大手なんかに薄利多売の大量生産をやられたら、小規模販売では太刀打ちできない。これに価値があると思える人が少ない程、商売になるのだ。

「需要がないものは売れない」

こんなフレーズをよく目にする。確かにその通りだろう。

しかしこのバッグは、私自身に強烈な需要がある。誰かではない。私にだ！

だから私と同じ価値観の人を50人探せばいいのだ。


市販のモノで満足できないなら、作ればいい。それができるのが今の世の中なのだから。デザインができないなら、デザイナーにお金を払って作ってもらえばいい。全てのスキルを身に付けなくても、あらゆる業界にプロはいるし、その技を買う窓口だってある。

これを手に入れるのに必要なのがお金であって、正直、お金自体は無価値ではないだろうか？


同様に財布も作ってみた。何とも快適である。

私からすると現金はかさばる。電子マネーがここまで普及した今、現金を持ち歩かなければならないシーンは数少ない。

メインはカード類。カードケースにわずかの小銭と数枚の紙幣が入れられる財布を作ってみた。

独自の工夫は隠しポケットだ。そこにＧＰＳ発信アイテムを入れて、なくした時にスマホで追跡できるのが私の財布だ。

私の暮らしに、既存の財布は不要なのだ。

カード類だって、今や複数のカードを一枚にまとめるサービスや、スマホのアプリで代用できるモノまで現れてきている。

将来、財布というものが世の中から消えてしまうかもしれない。

ブランドのロゴに価値を求める時代は終わったのだ。

本気で欲しいと思うモノを、何でも手に入れられる時代になった。

たとえ他人から無価値と思われようと、あなたが欲しいと思った時点で、そのモノは最高の価値を持つのだ。

私が着る衣服も、今はほとんどが作業着だ。防寒用として、特に機能の面で抜群のコストパフォーマンスを発揮している。

デザイン的に多少気に入らない部分はあるが、それを補って余りある恩恵を得られている。

将来的に、デザイン性も手に入れたいと思ったら、自分で作ればいいのだ。ショーウインドウに並ぶおしゃれなコートに、私は全く魅力を感じない。もちろん、きらびやかな都会の一等地にかっこよく並んでいるのは、私も認める。しかし、そのコートが一番似合うのは私ではなく、マネキンだ。

耐久性、防寒性、動きやすさ。

私が求めるのはこの3点。そしてたどり着いたのが、冷凍庫作業用ブルゾンだ。

私自身に価値があれば、自分の機能を拡張できるモノが最高のアイテムになる。

衣食住を再考する

「衣食住」とは、生きていくのに最低限これが必要だという考え方を示す言葉だ。この言葉がいつの時代に作られたのか知らないが、とてもシンプルだ。わずか3文字で過不足なく表現されている。何より語感が気持ちいい。

そんなパワーワードの「衣食住」も、捉え方を少しズラすだけで見え方が変わってくる。

特に衣食。この2つについては文明が言葉を追い越してしまった。

今の日本で、衣食に困っているという人は、ほぼいないだろう。満ち足りた状態と考えていい。

【衣】

下着や防寒着、礼服まで含め、今持っている服、全部捨ててしまいなさい。

「高価な服だからもったいない」

そう思うのなら古着屋にでも持っていくといい。自分でネット販売してもいい。思ったよりも安く買い叩かれ、手間がかかるはずだ。

それがあなたの服の価値だ。あなたが買った時の値段ではない。欲しいという人が現れて初めて価値が生まれるのだ。

あなたが「とてもいい」と思って手に入れた瞬間から、その市場価値は下がり続けている。稀にビンテージというラッキーパンチが当たることもあるが、あくまでも「稀に」だ。

欲しかった時の思い、手に入れるまでの苦労、最初に袖を通した時の喜び……そんな思い出には価値がない。

そんな感傷的な気持ちとモノを重ね合わせてはいないだろうか?

それが悪いことだとは言わない。モノを大事にする心は尊いものだ。

ただ、本当に大事にしているだろうか? せっかく買ったから捨てるのが「もったいない」になってないだろうか?

大事にしているモノなら、そもそも捨てるという発想は出てこないハズだ。自分にとって必要であれば、タンスの奥に仕舞い込んだまま忘れるという事態は避けられたハズだ。「捨てる」「手放す」は悪いことではない。大事にしていないことの方が問題なのだ。

この辺りのことをうやむやにしてしまうのが、伝家の宝刀「もったいない」だ。「もったいない」は悪魔の言葉である。これによって、どれだけの時間と労力を奪われているか、自覚するべきなのだ。

舌触りのいい論理、わかりやすい正義。そういったところに悪魔は潜んでいる。


全ての服を捨てたとしよう。

あなたは丸裸である。このままでは外出できない。

今日でなくても、近い将来外出しなければならなくなる。

さあ、ネットショッピングの始まりだ。外出のための服（下着を含め）を注文してみる。最低限ということを遵守すれば、必要な服一式、かなり安く手に入るハズだ。とりあえず常識の範囲内で外に出られればいいのだ。オシャレだとか、耐久性など考える必要はない。

これをベースにして考える。衣替えなんてことは気にしなくていい。ワンシーズンで全て捨ててしまおう。

でも、また来年も着るから……などと考える人は、どうせ来年になったら新しいジャケットを買っているのだ。去年の服はもう着ない。

こうやって、ゼロから足し算していくのだ。上手く工夫すれば１００円ショップで全て手に入るのが、今の時代の衣料事情なのだ。

シーズンごとに服を捨てていれば、自分が本当に必要なモノがわかってくる。最終的にはタンスが不要になるのだ。

私はタンスを持たない生活を送っている。私にとってのタンスはアマゾンだ（91ページで後述）。必要な衣服だけ注文して、使ったら捨てる。洗濯だってほとんどしない。定住してるわけではないので荷物は最小限だ。

このように衣服を減らせると最小限の単位が変わってくる。着替えに自分の人生をどれだけ左右されていたかがよくわかるのだ。

次に泊まる予定のホテルに、アマゾンから衣服が届いている。今日までの服はそこに脱ぎ捨てて、新たなシャツで次の仕事場に向かうのだ。

アマゾンタンスもこなれてくると、新しい使い方が見えてくる。

下着はこまめに買うことになる。ならば大量に買えばいい。探せば中国の業者が安く出していることがある。この時にまとめ買いをして、アマゾンの倉庫に全ての在庫を送っておくのだ。

そしてアマゾンに売り物として出品する。買った時の倍ぐらいの値付けでいいだろう。もう、こんなのは適当である。

この下着を自分で買うのだ。ついでに誰かが買ってくれるかもしれない。

これは商売ではない。だから利益率とか考えなくていい。うまくいけば小遣い稼ぎぐらいにはなるかも……程度でいいのだ。

便利な世の中である。

この便利さを十分に活用すれば、今までの概念を壊す新しいライフスタイルを手に入れることができるのだ。

【食】

冷蔵庫を捨てなさい。

「外食ばかりじゃ身体に悪いから」

これは一昔前の常識だ。

今や、プロが栄養バランスを考えた身体にいい外食は、いくらでも存在する。カロリーや成分も表示されている。

外食で不足するのは栄養ではない。愛情だ。

冷蔵庫があるから買い溜めをしてしまうのだ。コンビニや24時間スーパーも充実している今、自炊の意味合いは変化してきている。

食品を貯蔵するという安易な常識を疑うべきなのだ。

一度しか使わなかった調味料、使いきれなかったバラ肉、忘れ去られて奥の方でしなびた野菜……。

いつか使うから、と自分に言い聞かせて大掃除の時にまとめて捨てたり、美味しくもないのに無理して食べたり……。

逆に食材へのリスペクトがなくなってはいないだろうか?

使う量だけ手に入れる。これが一番食材を無駄にしない方法である。

新鮮で美味しい状態で食べることができるのが、最高の贅沢ではないだろうか。

私自身、ここ数年、自炊はしていない。ほぼ外食だ。足りない栄養素はサプリで補えばいい。餅は餅屋というように、食事だってプロにまかせておけばいいのだ。近所の定食屋、コンビニ、ファミレスが私にとっての専属料理人である。


便利は加速する。

人類は楽をしたいという一心で、苦労して様々な仕組みを開発してきた。これからも新たなサービスが次々と生まれるだろう。

スマホのように、人のライフスタイルを劇的に変化させるアイテムも続々登場するはずだ。

既存の価値観は大きく揺らいできているのだ。

今まではこうだった。

これからはどうする?

変化を恐れないことが、現代では大切なのである。

【住】

家と仕事場の往復。大半の社会人の毎日はその繰り返しだ。

私は落語家だから、仕事先は毎日のように違う。しかも立川流に属しているので、寄席がない。

「出られない」とか「出してもらえない」とか立場によって言い方は変わるが、家元談志が寄席のルール（正確に言えば落語協会）と決別して作った団体である立川流だから、まあ、「出ない」でよかろう。

ということで、私にはホームグラウンドと呼べる場所がないのだ。

定期的に通う場所はあるが、多くて月１回。

他の日は日本国内にとどまらず、世界中が私の仕事場だ。

都内にいるのは毎月10日ぐらい。

だから家が不要なのだ。

少し飛躍してると思われるかもしれないが、自分の家、部屋に求めるものは何だろう。

安らぎではないだろうか？

仕事から帰ってきて落ち着ける場所。


自分の部屋というものは、思ったより手がかかる。

家具を揃えて、掃除して、維持費（家賃や水道光熱費）を払って、その上不具合があったら何かしらアクションを起こさなければならない。

安らぎを得るために、ずいぶんと苦労していないだろうか？

そこで私は努力をしてみた。

どこでも安らぎを感じられる努力である。

月の半分以上がホテル暮らしだったので、切り替えは簡単だった。自分の部屋を維持しなくてもいいという解放感の方が上回ったのだ。

もちろん、一日中家庭用ゲームをプレイするということは難しくなった。ただ、多少レベルは劣ってもスマホのゲームで事足りる。

何よりも、家に帰らなくていいという考え方が新しい仕事を生み出してくれる。

もう何日か○○県にいてもいいから、落語会やってみようかな？　とか、明日こんなイベントあるんですけど、と突然言われても、気軽に参加できるようになった。東京に帰らなくていい、自分の部屋に帰る必要がないからだ。

それまでは地方に行っても、仕事が終わればすぐ東京に帰ってきていた。自分の部屋が大好きだったのだ。

そこは、私が「こうしたい」という希望を即叶えてくれるグッズで溢れていた。宝物に囲まれた我が家は快適そのもので、そこに帰ることが一日の終わりを意味していた。しかし、その宝物たち——年に数度しか使わない電動工具、サーバとして動き続けていたパソコン類、集めたフィギュアたち、ソーラーパネルの実験で使った車のバッテリー、バイクの修理道具——から一度離れてみて気が付いたのだ。

私にはそこまで必要ではなかったと、これらのモノに縛られて暮らしていたと……。

何でもあるから、自分の部屋が起点になる。どんな行動もスタートとゴールが決まってしまうのだ。

もはや、洞穴で暮らしていた原始時代ではない。元々巣（家）は、比較的安全に身体を休める場所だったはず。ここは、世界で一番安全と言われている国、日本だ。外敵に襲われる可能性は限りなく低い。

ならば定住する必要はないではないか。自分が今いる場所を快適と思えれば、マイスペースという空間は無限に広がる。

これこそ太古の昔から人類が目指してきた生き方なのではないだろうか？

どんな場所にいても、私の居住地はここだと言える。

今いるところが俺の居場所だ！

少なくとも日本国内ならばそう言える自信がある。

海外はまだ無理だ。本気で危ない。ホテルの中でさえうかつにくつろげないから、日本国内に限るが、海外での経験が日本の安全を再認識するきっかけにもなった。

着物をどう管理するか？

私の場合、どうしても現地調達やレンタルで済ませられないのが着物である。これは商売道具で一番大切なモノだ。

扇子や手ぬぐい、足袋なんかはどこでも手に入る。代用品なんかもあるから、気にすることはない。ただ、着物だけは何十着も持ち歩くわけにはいかないし、そのためだけに部屋を借りるのも本末転倒だ。

そこで便利なサービスの手を借りるのだ。

レンタルコンテナ！

駅からも近く、換気扇完備なんて条件はいくらでもある。衣服に特化したサービスもあるから、目的に応じたコンテナを借りればいい。

駅前に自分専用のクローゼットがあるのだから、こんな贅沢な暮らしは他にないだろう。拠点を持たないことで、生き方に幅が生まれるのだ。

タンスに畳んでしまう必要もない。着物用ハンガーを使って吊るしておけば、シワ一つ、つかない。最高の状態で保管・管理できてしまうのだ。

人間は住居に、様々な役割を持たせ過ぎてしまった。

洗濯も乾燥も保管も、全て同じ場所で処理しようとするから無理が生じるのだ。洗濯はクリーニング屋さんに任せればいい。保管はレンタルコンテナに任せる。自分で全部を管理する必要はないのだ。

洗濯がどうしても苦手だという人もいるだろう。ならば、やる必要はないのだ。プロにお金を払って任せればいい。少なくとも自分でやるより結果はいいに決まっている。

こういう時に必ず出てくるのが、「お金がもったいない」という旧時代の発想である。

私から言わせれば勘違いも甚だしい。

世の中の全てのモノは誰かが作ったのだ。そう。同じ人間が生み出した商品やサービスだ。超一流の何かを求めるのなら話は別だが、大抵のモノは同じ人間ならどうにかできる。家を建てるにしたってそうだ。今や大型ホームセンターに行けば、一軒の家を建てられるぐらいのパーツは揃う。重機だって借りられる。資格がないなら取ればいい。少なくとも犬小屋ぐらいなら誰だって作れる。ここで無理という人はやる気がないだけだ。

では何故プロに任せるのか？

答えは簡単だ。効率がいいから。それを専門にしているから経験も知識も豊富にある。私が一から作るよりも効率よくできあがるからに他ならない。

これと洗濯は何が違うのか。

いやいや文句を垂れ流しながら洗濯するぐらいなら、プロに任せてその時間を有効に使った方が、トータルで考えて効率がいい。

みんながもっとクリーニングというサービスを気軽に使うようになれば、サービス料もこなれてくるだろうし、新たな技術が生まれる可能性だってある。

餅は餅屋という発想は、今の時代にこそ発揮するべきなのだ。

自分が苦手なこと、嫌なことをやる必要はない。得意な人に任せればいい。

お金は使うためにあるのだ。もったいないと使わずに貯めて、嫌な時間を過ごしている方がよっぽど不健全ではなかろうか？

極論だということは承知しているが、お金を払うことで、そこに仕事が生まれる。回り回って自分が得意としている何かの才能にも、お金が支払われる時代が来るかもしれない。

嫌な時間から解放された時に、何をやるのか？　その時間こそ、自分の好きなことに費やすべきなのだ。

使い道のないお金にはさほどの価値もない、と認識するべきだ。今やお金の価値を時間の価値が上回っているのだ。

得意な人が得意なことをやる。これで暮らしが成り立つ未来が来れば、私たちはより豊かな文明を築き上げられるのではないだろうか？

日常の小さなことを見直す

日常生活を今一度見直してみる。

毎日やっていることで、つい「ながら」になっていることが多いのに気付くのだ。

その一つが歯磨きだ。子供の頃から習慣になってるものの一つである。寝る前や、朝起きてからなど、若干のズレは人それぞれあるだろうけど、毎日の行事である。

これをもっとスマートにできないだろうか？　と考えた。

そもそも、歯ブラシが邪魔なのだ。

なるべく持ち物を減らしたい私にとって、歯ブラシは前時代的で、何とか改良したいアイテムの一つだ。

チューブの歯磨き粉や、洗口液まで持ち歩いた日には、何のための軽装生活なのかわからなくなる。

最初は小型電動歯ブラシを使っていた。歯に当ててるだけで磨いてくれるのだから使わない手はない。しかし、充電が切れると無用の長物になる。いや、全くの無用というわけではない。普通の重い歯ブラシとして使えるのだが、何日か充電できない日が続くと嫌になるのだ。

お前の存在意義はなんだ！

電動歯ブラシに向かって叫びたくなる。

そこでカスタマイズすることにした。

充電式だからいけないのだ。この充電要素を省く。そもそも充電用の電池が内蔵されているから重くなる。モーターから直接USBに接続させれば、モバイルバッテリーの電力で動くのだ。電動歯ブラシ専用充電器ともおさらばである。電気工作が得意で本当によかった。どうせなら、もっとコンパクトにできないかと、さらに開発を進める。

柄。

柄だよ。こいつが不要だ。長い棒なら何でもいいのだ。だって柄だから。長くないと奥歯に届かない。ただそれだけの柄である。これを取ってしまおう。

なんとコンパクトなんだろうか。これこそ理想の電動歯ブラシである。ブラシ部分（ヘッド）と駆動部分（モーター）のみ。

ボールペン（衛生的にどうか）でも割り箸（どうせ口に入れるモノだ）でも装着すれば、近未来の電動歯ブラシが完成する。

使ってみると、納得できる小ささである。少々ケーブルが邪魔ではあるが、携帯性能は抜群だ。

しかし、食事時と歯ブラシの使い時が合致しない場合に、少々不満があった。

柄の代わりに割り箸を使っていたため、食事時でないと手元にないのだ。専用の柄を持ち歩くのも本末転倒である。

そんな時、閃《ひらめ》いた！

自分の指を使えばいい。昔は指に塩をつけて歯を磨いていたらしいから、原点に帰ればいいだけだった。

指に固定できるアタッチメントを作って電動歯ブラシ（超軽量版）を装着する。

これだ！

指に伝わる感覚で、奥歯の一本一本にブラシが届いている様が実感できる。指という敏感な器官を、なぜ今まで使わなかったのかと後悔したぐらいだ。

その成果もあって、歯医者での定期検診では磨き方に太鼓判を押されたぐらいだ。


しかし、この電動歯ブラシもそう長くは保たなかった。

ある日を境に、口の中にピリピリと刺激を感じるようになった。

漏電である。

絶縁が甘かったのか、そもそも設計に問題があったのか。

原因はどっちでもいい。いずれにせよ、私の力では完璧な製品にすることはできなかったのだ。

また、振り出しに戻るのかと思った歯ブラシ問題、実はもっと簡単な解決方法があった。電動にこだわらなければいいだけなのだ。

歯ブラシのヘッドを指に装着すれば、それで完成だったのだ。

こうして、私の歯ブラシハックは一応の終結を迎えた。

もう少しテクノロジーが発達すれば、スマホのアプリで歯を磨けるかもしれないし、歯そのものを外して簡単に洗浄できる技術が生まれるかもしれない。

その日が来るまで、私は口の中に指を突っ込み続けるのだ。

「タンスはアマゾン」のきっかけ

ここまで何度か、アマゾンをタンス代わりにしていると書いてきた。

これは全て、「金がない」ことからスタートしている。

商売をするにあたって、資本金がないというのは致命的だろう。「心許ない」ではない。「ない」のだ。

アイディアだけで利益を生み出すなんて、私にはまだできない。何かをゼロから作れる程、技術を持っているわけでもない。

商売の基本と言われる「安く買って高く売る」。この「安く買う」がそもそもできないのだから、商売する資格はないのだ。

それが大きく変わった。ネット通販の登場で、商売の基本が少し崩れたのだ。

俗に言う「無在庫販売」。

在庫を持たない商売。値段だけ提示し、売れたら仕入れて送る。

魔法が存在すると、私は確信した。リスクなしのリターンのみ。

さっそく通販サイトを作って、販売に乗り出した。

最初に売ったのはパソコンパーツだった。ハードディスクとかメモリとか、消耗品と思えるモノを自分のサイトに並べてみた。

値段は秋葉原（今のように「萌え」の街になる前の秋葉原）のパーツショップを参考にして、そこに3割程度の上乗せをすることにした。送料は別途取るから、購入者にとってはかなり割高となる。

まだアマゾンがここまで一般的になる前である。といっても、1年も経たずしてアマゾン帝国ができあがるのだが。

サイトオープンから3カ月して売れた。最初に買ってくれたのは島根県在住の男性。秋葉原ではもっと安く手に入るのは知っているけれど、それでも欲しい、早く送ってくれるなら買う。そんな条件だった。

もちろん、翌日朝一番で秋葉原で購入して、そのまま送った。

大変に喜んでくれて、今後も利用したいという返事までもらった。

私は、モノの価値は値段だけではないことを学んだ。

「通販、行けるぞ！」

高くても買ってくれる人は確実にいる。

しかし、そんな私の自信はすぐに揺らぐ。

次の注文が入らないのだ。まだまだインターネット通販は怪しいと思われていた時代だ。素人感満載のホームページを見て買おうと思うだろうか？　一つでも売れたのは奇跡に近い。

それならばと、サイトデザインやＳＥＯ（自らのウェブサイトが検索結果の上位に表示されるようにする技術）を猛勉強する。我ながらいい線行ってると思えるレベルになってきたが、かけた時間と手間は全く反映されない。全く売れないのだ。


しばらくして同じ島根県の男性からまた注文が入った。

少し特殊なパソコンのパーツが欲しいという依頼だ。私も聞いたことがないような部品だ。しかし、私にとってお客さんはこの人だけ。日本中でこの人だけが私を信用してくれている。その気持ちに応えるのは人として当然だ。だから請け負った。

翌朝一番で秋葉原へ。これがどこを探してもない。足を棒にして、ようやく見つけた頃には夕方になっていた。

以前の秋葉原は閉店が早かった。閉まりかけているパーツショップに次々と飛び込んでは、焦りを感じながら必死に探した。見つかったパーツは新品ではなく中古だった。

今買わないと明日になる。島根県の男性、私の大切なお客さんは急いでいるのだ。購入して、買い値に3割乗せた金額をメールで提示し、パーツは先に送った。

「中古ならいらない」

そっけない一文が返ってきた。ひどいじゃないか！　ここまで心血注いで手に入れたのに、いらないの一言で否定するなんて人間のやることか！

しかし、私が客の立場だったら、同じことをしただろう。友達でも何でもないのだ。こちらの努力などお客さんは見ていない。大切なのは、品物のクオリティーが値段に見合うかどうかだけだ。

数日後、着払いで送り返されてきた中古パーツ。とても悲しい気持ちになったのを覚えている。

地に足が着いていなかった。無在庫販売のルールを自分で破ってしまったのが悪い。中古でもいいか、相手に確認してから購入すれば何の問題もなかったのだ。

ポツリポツリと売れることはあっても、注文の度に朝から秋葉原に行って購入して送る作業を繰り返さなくてはならない。手間の割に、これだけで食べていける程の利益は出ない。質問がメールで届く。必死に調べて返事をしてやったのに買わないヤツもいる。とにかく手間だ。手間ばかりかかるのだ。無在庫販売という甘美な響きは、私にとって悪魔の囁きだったと気が付いた。

世の中そんなに甘くないのだ。

世間も通販を受け入れるようになると、販売店が通販を始めるから値段で勝負できなくなる。そりゃそうだ。販売店の販売価格が私の仕入れ価格なのだから、勝負にならない。もう、撤退するしかない。

その時に見つけたのが、eBay《イーベイ》という全世界に向けて開かれたオークションサイトだ。まだ諦めるのは早いと踏み止まった。

世界規模というだけあって、様々な国の人々が売り買いしている。そこに流れている空気がゆるいのだ。

買った品物が届くまで3カ月かかることもよくある。出品者、購入者ともに連絡が取れなくなることも何度かあった。品物も本当に届くのか怪しい。世界各国の配達事情はバラバラなのだ。

「届いたらラッキー」

そんな気持ちで買い物が行われているなんて、私には信じられなかった。

私が狙ったのは、誰も出品してない商品だ。ライバルが多いから値下げ競争になるのであって、私しか売ってなければ、値段は私の言い値になる。

日本国内での無在庫パソコンパーツ販売での失敗を活かして、オリジナル商品の出品に絞ってみた。

もちろん、一からの商品開発なんてできるわけない。誰も扱っていない商品。これを一日中検索で探した。日本人が出品するのだから、より日本的な品物がいいだろう。安易な考えである。

着物、手拭いや扇子など落語にも関係しそうなアイテムを出品する。いくつか売れるのだが、売れた途端にライバルがやってくる。私が手に入れられる品物なんだから、日本に住んでいれば誰でも手に入れられるのだ。

地下足袋《じかたび》が「忍者シューズ」という商品名で売れている時は、その尻馬に乗って少し儲けを出させてもらったのだが、所詮誰かのアイディアに便乗しただけ。

師匠から教わった落語を一言一句なぞっていることと何ら変わりはない。これでは面白くない。

一進一退を続けている時に「これだ！」というモノに巡り合った。

蚊取り線香だ。

殺虫剤のカテゴリには、すでにいくつもの蚊取り線香が出品されている。特に売れているわけではない。ここだけ見れば、取り扱いを控えるアイテムだが、私は光明を見出した。

地下足袋を忍者シューズと言い換えただけで売れるのだ。海外の人たちの忍者に対するイメージを利用できないだろうか？

さっそく、城に忍び込むために使っていた忍者のアイテムとして、蚊取り線香を出品してみた。もちろん、竹藪《たけやぶ》をバックに着物（本職だからね）に覆面で蚊取り線香を使っている写真を撮り、おにぎりを包む竹皮に包んでお届けするという念の入れようである。

これが売れたのだ。

5巻100ドルで飛ぶように売れる。殺虫剤でなくアンティークのカテゴリに出品して、少しドラマチックに演出しただけなのに。

ここまでの失敗と成功体験の結晶が、この蚊取り線香の販売だ。

一つ成功したと言っても、それがいつまでも続くわけではない。流行《はや》り廃《すた》りはどの業界でもある。安く仕入れるルートの開拓は常に行わなければならない。

そこで見つけたのが、中国の靴業者だ。とても安いのだ。品質の確認もしたいから一足だけ買ってみた。

届いてみると高品質、安いのに質がいい。気に入って履いてみると、周囲の評判も悪くない。

この時である。自分が必要と思ったモノを仕入れればいいんじゃないか？　という考えに至ったのだ。

少なくとも、自分で使えばいいのだから、仕入れたモノ全てが無駄になることはない。

最初から自分使い目的の日用品、消耗品を仕入れておけばよかったのだ。

大量に買って、アマゾンの倉庫に入れておく。売れれば儲かる、売れなくても自分で買って使うから損はない。

こうして、私がアマゾンをタンス替わりに使う生活がスタートしたのだ。

第4章　お金について考える

貨幣制度を疑え

金が欲しい。

もう遺伝子のレベルに刻み込まれてしまったかのように、誰もが一度ならず思ったことだろう。

人の設計図があったなら、一行目に書かれているのではと心配になるぐらい皆、金を欲しがる。この「欲しい」にもう一つ条件が付く。

「苦労せずに」

努力や苦痛を伴えば、ある程度の金が手に入るのは、それまでの経験で知ってるからなおさらである。何もしないで金が欲しいのだ。

仮に金の成る木があったとしても、育てるのに手間がかかるだろう。肥料をやったり害虫を駆除したり、冬を迎える時は、雪の重みで折れないようにする工夫も必要だ。台風なんか来たら、風で倒れないか心配で夜も眠れない。

夢想する金の成る木ですら、こんな煩《わずら》わしいことがついて回る。

誰もが理想とするのは、これらの苦労なしで手にできる「金」だ。

そんな金なら私も、もちろん欲しい。

時間と健康と精神を削らなければ手に入らないのが金だということを皆わかっているから、そんな夢を見たくなるのだ。


でも、本当に夢なのか？

ほとんどの人が「あり得ない」と諦めてしまうこの事象を実現できたら、どれだけ幸せだろうか。

幸せを願うことは悪ではないし、幸福を追求した結果が今の人類の繁栄を築いている。

ならば突き詰めて考えるべきなのだ。


金が無限にあったらどうするのか？

ここで「貯金」と答えるヤツは、もう一度人生をやり直した方がいい。そもそも生き方を間違えている。

子供の方が素直に答えるだろう。「あれが欲しい」「これが欲しい」と。

そうなのだ。金は何かを実現するために使うものだ。老後の保障でもいいし、見栄を張るためのアイテムでもいい。美食や理想の異性を手にするためのきっかけでもいい。何かと交換するための手段だということを、まずはっきりと認識するのが重要だ。

手に入れたいモノ、実現したい未来。そのための金策であって、それらを手に入れられるなら金は不要ではないだろうか？


思い立ったが吉日。

私はさっそく実行に移してみた。金を使用しないで何かを手に入れる。

落語家の中でも私は物販にかなり力を入れている。通常2〜3種類が平均と言われる手拭いの販売でも、常に10種類以上の品揃えを心がけている。まずはこの手拭いを使って実験開始。

そう。物々交換である。

厳密には手拭いを作る過程で金がかかるし、発送その他でも当然金は介在する。でも最初からパーフェクトな結果を求めていたら物事は進まないのだ。

とりあえず、現状で欲しいモノを書き出してみた。

マスク（花粉症の時期だから）、Ｔシャツといった普段使うようなモノから、ＰＳ４やバイク、家電製品など値が張るモノ。

それぞれ手拭い１本から１００本まで適当に値付けしてみた。これをブログで公開すると、瞬く間に交換が成立していった。通常１０００円から２０００円で販売している手拭いの円換算を上回るレートで交換できたのだ。


これには私の落語家としてのブランドという側面もあるかもしれない。

しかし、それだけではない何かがあるのだ。

「不用品」

これだ。私が欲する品物を誰もが欲しいわけではない。価値観は人それぞれ違うのだ。

代表的なモノが、手拭い5本というレートで3件の交換が成立したスマホである。壊れていてもOKという条件で提示していた。電源が入らない、充電できない、画面が割れている。

それぞれ問題があったスマホたちだったが、少し手間をかけてやれば直すことができた。

私は手拭い15本で動くスマホを3台手に入れたのだ。

これまでも簡単な修理はちょくちょくやっていたので自信はあったのだが、こんなに上手くいくとは拍子抜けだ。

そう。私にとって自分の手拭いよりも壊れたスマホの方が価値があり、手放した人からしたら、壊れたスマホより手拭いの方が価値があっただけだ。

どちらが損をしたという話ではない。そこには価値観の違いがあるだけで、どちらも得をしているのだ。

ここに金が入り込むと途端にややこしくなる。

「手拭い5本？　5000円でスマホ売ったの？　それなら買い取り業者に売れば1万円になったのに……」

となる。

価値観を統一してしまうのが金だ。

自分が欲しいもの、また所有していて不要なモノの価値を自分で決められないのだ。誰かが決めたレートに縛られていないだろうか？　自らの価値を他の誰かに決められているのが、この貨幣制度ではないだろうか？

反対に、マスク10枚と手拭い１本という交換も成立している。

「１００円ショップで買えるでしょ？　マスクなんて！」

そういう問題ではないのだ。これは私が決めた価値なのだ。１００円ショップのレジで私の手拭いを出してもマスクはもらえない。

マスク１万枚と手拭い１０００本交換してくれ、という話ではないのだ。金に換算して「商売」しようとするから、そういう発想になる。

無限にマスクが必要という方がおかしいのであって、花粉症のシーズンだけ必要な枚数が手元にあればいい。

大切なのは金儲けではない。欲しいモノを手に入れるというシンプルな行動だ。


さらにこの物々交換の基準になった手拭いのデザインでさえも、手拭いで募集してみた。コンペ形式で、最優秀賞には手拭いをプレゼント。

手拭いで新たな手拭いを生み出すのだ。

ありがたいことにたくさんの応募があり、かなり盛り上がった。

自分がデザインしたモノが形になるというイベント。この仕掛けに価値を見出してくれた人が参加してくれたわけで、物々交換という概念を拡大した新たな可能性だった。

この手拭い交換によって、私は新しい一歩を踏み出すことができた。

次に試してみたのは、自分の落語を売ることだ。本来、そこが一番商品になるハズなのに、すっかり抜け落ちていた。

年間10回の落語会開催券で、1年間部屋を貸してくれる人を募集してみた。

何件か連絡が来た。

「そんなに困っているのなら、数カ月なら無料で住んでいいですよ」

少なくとも私は真打である。金に困っているわけではないのだが、同情というかたちで返事が来た。私の真意は伝わっていなかったようだ。

そりゃそうだ。普通に考えれば、金に困った落語家が芸を売ったように受け取られても仕方がない。

「落語をやる→ギャラを受け取る→家賃を払う→部屋に住める」

この流れの途中をショートカットしたかっただけなのだが、金が基準になっている世の中では簡単に受け入れられる考え方ではない。この一件から、価値観のマッチングが何よりも重要だと学んだ。

もう少し間口を広げる必要がある。

次に試したのは「ギャラ（現金）を受け取らない」という実験だ。

無料で落語をやりますよ、という話ではない。現金払いでなくても落語をやりますよ、という意味だ。私が欲しいモノと価値が釣り合えば、交渉成立である。

最初の依頼はアマゾンギフト券だった。

ほぼ現金と言えなくもないが、最初はこんなものだろう。話を聞くと、カード詐欺に遭う一歩手前で気がついて、大量に買ってしまったギフト券の処理に困っていたそうだ。そのまま金券屋に持っていくのも面白くないから、使い道を探していたという。

これは面白い。

現金だったら振り込んで詐欺被害に遭うところだったが、デジタル商品を絡める一手間があったおかげで、被害を未然に防いで（購入してる時点で被害ではあるが）、それが私の仕事につながる。しかも、私にとってもネタにできるというおまけ付き。

主催者（私の落語会を買った側）も、事の顛末を面白おかしく紹介してもらえるので、詐欺被害の嫌な気持ちを少しは癒せる。現金主義ではあり得なかったマッチングである。心や気持ちがつながった気がした落語会であった。

その後も、地域の特産物や宿泊券など、お互いが納得できる条件で、いくつも落語会を開催したが、どれもお互いが満足できる内容になった。

こうやって少しずつ金の価値を疑うことで、自らの価値を作っていけるのだ。

仮想通貨

今、最も期待してるのが仮想通貨である。

古くはテレホンカードから始まった仮想通貨。テレホンカードが仮想通貨なのか？　と思われるかもしれないが、通貨をより便利なかたちに進化させたモノだと私は思っている。10円玉を常に必要とする公衆電話を、手軽に便利に使えるようにした魔法のカード。これが今の電子マネーの先駆けではないだろうか？

電子マネーは、現金の弱点だった「数える」や「受け渡し」が必要ないのが魅力だ。人間よりもミスが少ないし、何より小銭という概念を消し去る可能性まで秘めている。

アプリで管理できたり、カードを使ったり、各社対応は様々だ。Ｓｕｉｃａなど交通系の電子マネーは、券売機の存在を忘れさせるぐらい都市部では浸透している。

ビットコインに代表される仮想通貨は、現時点では投機の対象になっているが、通貨として根付いたらライフスタイルが大きく変わるのではないかと期待している。

スマホの登場で人の暮らしが激変したのと同じように、いや、それ以上の変化があってもおかしくない。お金の考え方を根底から変えてしまう魅力に溢れているのだ。

日本で暮らしている人にとって、お金は日本円がベースになる。これを各種電子マネーに換える。残念ながら、一度電子マネーのポイントに換えると、日本円に戻すのは難しい。仮にA社のポイントを買うと、B社のポイントとしては使えない。

その結果、より多くの提携先があるポイントのサービスに人々が集中するという現象が起きる。現状では、大手の一人勝ちだ。

しかし、未来の仮想通貨は、誰もがポイント（仮想通貨）を発行できて、独自のサービスを展開できる、というものだ。その上、換金性も非常に高い。A社のポイントでB社のポイントを買うこともできるし、日本円に戻すことだって可能だ。「何回来店でポイント付与」なんていう無料ポイントですら、日本円に換金できるのだ。今まで資産価値がないと思われていた行動にも、ポイントが付いて具体的な資産（お金）として運用することが可能になる。

昨今話題になっているeスポーツ。「スポーツ」と名は付いているがコンピュータゲームのことだ。

ゲームプレイヤーのプロが登場したり、ゲーム実況動画を公開して広告収入を得たり、一昔前では考えられなかったビジネスが成立している。

もちろん、前からゲームが上手いことに価値はあったが、これを資産として成立させられる仕組みがなかっただけだ。

仮想通貨がもっと普及すれば、ゲームプレイが仕事になることも、そう遠い未来の話ではない。何百時間もかけてゲーム内で手に入れたアイテムを、仮想通貨で取り引きするだけで、莫大な資産を生むことだってあり得る。

実際、現在でもアイテムは闇で取り引きされている。ゲーム内アイテムを、個人と個人が現金でやり取りしている。ただ、これはグレーゾーンだ。リアルマネートレードと言われる行為だが、後ろめたいニュアンスがある。

Second Life《セカンドライフ》というオンラインゲームがあったのを覚えているだろうか？　米ドルでゲーム内の通貨を買う。まあ、ここまでは既存のサービスでも展開されていたが、このオンラインゲームでは、ゲーム内通貨を米ドルに換金できるというのが新しい発想だった。

今まで無価値と思われていたことが価値を持つ。これまでは、現金に換えられるかどうかが、資産として評価できるか否かの基準だった。今後は仮想通貨の普及によって、ポイントとお金の境界が曖昧になってくる。それにより、お金を持っているという価値基準が、見直される時代になるかもしれないのだ。

どんなジャンルでも、能力を発揮できれば価値が付く。付加価値なんてサブ的な意味ではない。能力そのものを資産に変換できる時代の到来である。

心配なのが財布というジャンルの存続である。

私自身、財布の必要性は全く感じていない。

ただ、現状ではまだまだ現金は必要だし、小銭だってなくては困る。私が必要とする財布は、カード類と、いざという時の少しの現金を収納できればいい。

マネークリップを使ってみたが、少々使い勝手が悪い。そこで、財布の使用をやめた。カード数枚を重ねて一万円札で巻く。それを輪ゴムで止めるのだ。我ながら、その不格好さに笑ってしまったが、これでいい。将来的には現金を持たないつもりだから、自分の覚悟が表れている、素晴らしい財布だと思う。財布というよりは、輪ゴムなのだが。

その後、自分が最も必要とする財布を作ったのは、63ページで書いた通りだ。

現金のデジタル化は、銀行に預けた時点で完了している。本来、現金を持ち歩く必要はないのだ。

仮想空間を使いこなすことで、もっと身軽にもっと自由になれる。紙幣と硬貨に縛られない、物々交換から始まった資産の考え方。人類は新たなステージに立とうとしているのだ。

第5章　持たない落語家の仕事論

最古のＶＲビジネス・落語

落語家の商売道具は極端に少ない。最小構成で全て完結しているのが、今さらながら驚きだ。バージョンアップの度に買い足したり買い換えたりする現代社会こそ未熟だ、と思える魅力がある。

脆弱性《ぜいじゃくせい》も見つからない。パッチだって当てる必要がないのだ。

何故なら「最小構成」だから！

着物

扇子

手拭い

他は不要だ。もっと突き詰めると、これだって要らない。恥ずかしい話だが私は忘れ物がとても多い。モノを忘れるということに罪悪感を感じていないのかと思うぐらい、忘れる。

でも大丈夫！

落語の演目は無数にあるから、扇子と手拭いを使わない話を選べばいいのだ。忘れたって何とかなる。落語はすごい！


ごく稀に、落語が始まってから気が付くこともある。

何がって？　扇子を忘れていることに、だ。

すでに始めた演目が「時そば」だったとしよう。この噺には、箸でソバを食べる仕草が出てくる。

ピンチ！

でも大丈夫。心配ない。

扇子を箸に見立てるというのは決まり事ではないのだ。

そもそも、器の方は小道具を使わず持っているフリだけをしている。だから、箸だって持っているフリでいい。問題ない。

自分の持ち時間、私の高座だ。これが私のスタイルだと貫き通せばいいのだ。

そこで離れていくお客さんがいても気にすることはない。そのお客さんとは縁がなかっただけ、深く考える必要なんて全くないのだ。

「扇子を忘れた」という些細なことだ。問題にすらならない。日本語を理解できる人は少なくとも、1億人はいるだろう。他のお客さんを探せばいいのだ。

もし日本国全土で否定されても大丈夫。言葉を覚えて海外に目を向ければいい。宇宙空間に発信し続ければ、さらに高次元の生命体に見出されるかもしれない。忘れ物ぐらいでグズグズ言う宇宙人なんかいないでしょ！　扇子がないだけなんだから。

身体一つあれば成り立つ商売。それが落語だ。

正確に言うと、身体一つでは成り立たない。一番大切なところが抜けている。それは何か！

お客さんだ。

「そりゃ客がいなきゃ商売成り立たねぇよな」

という意味ではない。

お客さんの想像力があって初めて完成する芸能が落語なのだ。

落語家がソバを食べてるシーンを思い出してほしい。実は、リアルとはかけ離れているだろう。普通、あんなに音は立てないし、あれだけフーフー冷ます必要があるソバを、あの勢いでは到底食べられない。相当熱いから。

パントマイムとは違うアプローチなのだ。

これは、ソバを食べているシーンですよ、というアイコンと言ってもいい。

その前後の文脈から、お客さんは美味しそうに感じたり温度を感じたりするのだ。

いい女が登場するシーン。

現実には汚いおじさん（落語家）が目の前に座っているだけだ。それでも、いい女がいるように感じるのは、落語家の表現技術も大切だが、一番必要なのはお客さんの想像力だ。想像しやすいように誘導するのが演者の腕、というところだろうか。

噺の中では一瞬でシーンが変わる。これをＣＧで作っていたら、時間も金もどれだけかかるかわからない。しかしお客さんの想像力で補えば、ローコストでハイパフォーマンスな世界を作ることができる。

高座にはおじさんと、扇子と手拭いしかない。そこに無限の可能性やドラマが生み出されるのは、仮想空間を皆で補いながら作っているからだ。

これこそバーチャルリアリティ（VR）の先駆けだ。ディスプレイや専用端末、電力すら必要ない。仮想空間はネットにつながらなくても共有できるのである。

さあ、この時に大切なのが小道具の少なさだ。

モノを実際に出すと、イメージが固定されてしまう。

「時そば」で「この丼《どんぶり》、汚ねぇなぁ！」と言う時に、CGを使ってどんな汚い丼を再現しようとも、実は限界がある。人それぞれ「汚い」の価値観が違うから、製作者がどれだけ汚いと思って作っても、違う価値観の中では綺麗に見えてしまうことがあるからだ（女性の好みとかでも、こういうことはよくある）。

落語のすごいところは、観てるお客さん一人ひとりが、「最も汚い丼」をイメージしてくれることにあるのだ。

ないことが大きな価値を生むのが落語だ。

現代のエンターテインメントは大半が足し算でできている。制作費何億！　構想何年！　こういうやり方、逆に古いのだ。先祖返りしてどうする！

泣く、怒る、笑う。個人の経験に左右されやすい、感情を扱うエンターテインメントは、お客さんの心にどれだけ刺さるかが勝負になる。それが、見ている人ごとにカスタマイズされる（できる）のが落語なのだ。作り手だけで完結しないからこそ、できあがる世界。全てを制御しないという無責任とも言えるようなスタイルが、落語に無限の可能性を持たせてくれている。

最小構成で最大の効果を発揮する。

この発想こそ、これからの時代に求められているのだ。

仕事はお金で判断しない

落語家という職業は大半がフリーだ。

事務所に所属して誰かがマネージメントしてくれるような環境にいる落語家は、ほんの一握り、数えるぐらいしかいない。だから縦横のつながりや、自分の営業努力が必要になってくる。

前に書いたが、特に私の所属している立川流という組織は寄席に出ない。

ここで言う寄席とは、一般的に認知されている寄席のことで、東京には4軒ある。落語専用の興行小屋である。

「落語＝寄席」

落語の知識があまりない人ほど、この結びつきは強い。

落語を聴きに、最初に気軽に行けるのが寄席である。幅広いお客さんに対応できるようにプログラムも考えられている。テレビなどのメディアに出ていなくても、寄席に出ていれば、興行主から声がかかって仕事につながることもある。これまで永く、寄席を基点にして活動を続けられてきたのが落語家である。

立川流はここに出ない。そもそも、出られないことを承知で入門しているのだから、ハンディだとは思っていない。

何かをベースに活動していると、ついその大きな流れの中でしか発想できなくなる。最初からそれがなければ（私にとっての落語家＝寄席）、嫉妬も何も生まれない。羨ましいという気持ちさえない。

知らないということはある意味、武器である。これまでの常識にとらわれないから、何をやっても自由だ。変化に対して柔軟に対応できる。

落語のイメージは伝統と結びついているが、本来の成り立ちを考えたら大衆芸能である。伝統に寄っかかったのは、そうしないと生き残れない時代があったからだろう。

今は、違う。落語は伝統の側面を活かしつつ、大衆芸能としての基盤を着実に固めている。伝統というエッセンスをいかに現代に活かしていくかが勝負になってくる。


私は落語をやる以外にも、たくさんの仕事がある。正直、全て一流ではない。しかし、一流のみしか生き残れない業界なんてないのだ。たくさんプレイヤーがいるからこそ一流が生まれるのであって、その他大勢も絶対に必要だ。

自ずと戦い方も違ってくる。よりコアなところを狙ったり、総合的な能力で勝負したり……団体競技と同じで、自分が光るポジションを見つけるしかない。

全てが三流であっても、三流と言われるジャンルをたくさん持っていれば、それは個性になる。私は、結果的に器用貧乏と言われることが多いが、この「合わせ技」を使える落語家は私しかいない。唯一無二の存在になれるのだ。

そうやって仕事が増えてくる。波はあるが、前座修業の時代を思えば（人権がない。金がない。時間もない。精神的余裕もない……。あるものを探す方が大変な時期が前座時代だ）、王様みたいな暮らしができている。ここでいう「王様」は、「人並み」に変換するとより正確な表現になるのだが……。


フリーで仕事をするというのはとても恐ろしい。何より保障がないから、無収入になる恐れが常にある。

だから仕事は断るな！　どんな仕事も対応するべきだ！

以前の私はそういう考えだった。

畑違いと思われる内容の仕事でも快く引き受ける。当然、できあがるものは三流だが、それでいいのだ。

相手はそこまで求めていない。そもそも私にオファーしてくる時点で、そこまでの準備期間も予算もないのはわかっているのだ。

お互いがかっこ悪いWin-Win《ウインウイン》の関係だ。

私は、持って生まれた「器用」というスキルを遺憾なく発揮して、次々と仕事を受ける。

前座の頃の辛い経験に比べれば、睡眠時間がないなんて全くたいしたことではない。

自分にニーズがある、対価としてお金をもらえる。それだけで幸せの絶頂だった。


しかし、ある時気が付いた。

全体的なクオリティーが下がっている……。

原因はわかっている。時間がないのだ。

普通はどんな仕事でもやっていればレベルが上がっていく。単価も上がるし、クオリティーの高さも求められる。だが私は一方で、クオリティーは求めないから、値段を安くしてくれという仕事も受け続けている。仕事がなくなる恐怖から、断らずに続けていたのだ。

問題はこれ！

この恐怖が自分の足を引っ張っていたのだ。

仕事に順番を付けたとしよう。

そりゃ、どんな仕事でも全力でやるという心がけは必要だが、そこは人間、心の奥底、本心では順列を付けるのは仕方のないことだ。

その基準は対価でもいい、やりがいでもいい。

順番をつけた時、下位1割に当たるものを見直してみると、自分が苦労してた時にいただいた、辛い思い出が多い仕事だったのだ。

自分のレベルが上がって、その時とは釣り合いが取れなくなってきた、そんな仕事たちが足を引っ張っていたのだ。

そりゃ恩はある。しかし、最初のきっかけがそうであったように、そもそも誰でもいいという内容の仕事だったのだ。

お客さんもそこまで落語を聴きたいわけじゃない、落語という漠然としたイメージのものを、着物を着て座布団の上でやってくれればいい、というような仕事だ。

ならば思い切って後輩に譲ってみよう。仕事がなくなる恐怖に打ち勝って、下位1割を後輩に割り振ってみた。

この葛藤、そもそも不要なのだ。

落語家や寄席という世界では、普通に行われている世代交代だからだ。伝統のある仕事では、日常としてできあがってるルールである。

上（先輩）からもらった仕事を、ある時期になったら下に引き継ぐ。何故私がここに気が付けなかったのか？

それは全て自分で作り出した仕事だったからだ。上から引き継いだ仕事が一つもない。そのために、そこにしがみついて離れられなくなっていたのだ。

受け継ぐというのは何も芸の中身だけではなく、仕事自体も含まれるのだと初めて理解した。私が断って他のジャンルの人に仕事の枠を奪われるぐらいなら、「落語界」として確保できていれば、割に合わない仕事でも若手の経験に使える。

伝統の素晴らしさを本当の意味で理解したのは、こういうところだったのかもしれない。

誰かに（大切だと思い込んでいた）仕事を回すことで、全てが好転した。そこに割かれていた時間を取り戻して、全体的なクオリティーが上がるようになった。

余裕ができるから、新しいことにチャレンジできる、さらに幅が広がる。いいことずくめである。守りを考えて、そこに縛られていた自分が恥ずかしいとさえ思えるようになった。

ここから、私の中で一つのルールが確立された。全仕事の1割は誰かに回す。そう、一部を捨てるのだ。

全部所持しようとするから窮屈になり縛られる。必要なものを残して、削ぎ落としてしまえばいい。

基準は、自分にとっての「やりがい」だ。

だから、びっくりするぐらい割のいい仕事を後輩に回すことも出てくる（割はいいが、私にとってのやりがいは低い）。私のデメリットはお金をもらえないという一点だけ。

後輩からは驚く程感謝されるし、彼らの仕事のクオリティーだって私とそう変わらない。何より仕事のない時期に来る美味しい仕事には本気で立ち向かうから、意気込みが違う。結果的にいいものが生まれる。

私が惰性でやるよりも、絶対にいい結果になるのだ。

自らのモチベーションを上げることを優先した方が、人生は楽しい。いくら大金をもらっても、嫌々やっていたのでは楽しくないのだ。

以前は、自分の価値を測る物差しは「お金」だった。だから「お金がたくさんもらえる」が最優先事項だった。

そういう考えで活動していれば、お金は増える、望まない仕事も含まれるが、お金が増えることを優先すれば我慢できる。

さあ、お金が増えた私自身はどうなったか？　少し過去のお金がなかった自分と、現在のお金がある自分を比較して、どれだけの違いがあっただろうか？　どれだけ成長したかと言い換えてもいい。

成長の証は金だ！　そう言い切れるなら問題ないが、私はここに疑問を感じた。何年もかけて手に入れたのは、金だけだったのではないかと。

自分自身が成長したと言い切れる部分を見つけられなかった。

新しい武器を手に入れたか？　違う方法論を身につけたか？

具体的に見せられるのは「金をいくら持ってる」という部分しかなかった。

「空っぽだ」

高そうなアイテムで身を飾り立て、自分が上にいることを実感するために、誰かを見下す。

そんなつまらない人生を送ろうとしていたのだ。

「お金」ではない価値基準を模索しなかったのが失敗の始まりだった。

私は仕事をお金で判断しないルールを決めた。

そりゃお金の交渉はする。楽しいなら何でもいい、言い値で全てやる、なんて言っていたら、行き着く先はボランティアになってしまう。きちんとプロとして扱ってくれる相手との仕事というのが大前提だ。

自分が成長することを目的とした仕事選びである。

どんな事柄でもそうだが、楽しく取り組んだものは吸収も上達も早い。明確な目的があるから、前向きな力を発揮できる。

何よりも、お金を基準にしていた時と比べて、格段に自分のレベルアップを実感できた。この手に入れた力は、誰にも奪われることはないのだ。お金なんていう不安定な資産を築くより、よっぽど効率がいいではないか！

そりゃある程度のお金は必要だ。割のいい仕事を全て否定するわけじゃない。ただ、そこにとらわれ過ぎないというのが一番大事なのだ。

全体の仕事から1割を必ず誰かに振る。これを続けていると不思議な現象が起きる。

常に上位９割の仕事しか受けないから、自然と仕事の質やギャラが上がっていくのだ。去年一番だった仕事が、今年は最下位になってるなんてことも起こった。

自分の力が上がってるからに他ならない。これが何よりのメリットである。仕事の質が上がらない、数が減ってジリ貧になる。そうだとしたら、自分のレベルが上がってないという証拠だ。自らを楽しく高めていないから、負のループに陥るのだ。

嫌な仕事を下に押し付けているという側面もあるかもしれないが、経験不足の若者は次から次へと生まれて社会に出てくる。育成という意味で理にかなってるし、私自身もそうやって学んできた。

最悪、誰も受けたくないという仕事もあるかもしれない。そういう仕事は、もはや仕事でも何でもない。誰もやらなければいいのだ。その結果、なくなる仕事はなくなればいい。どうにかしないと困る人が現れるのであれば、仕事として成り立つように見直せばいい。

嫌な仕事はやらなければいい。全てを受け入れるのが善ではない。

３Ｋと言われる仕事だって、誰もやらなければみんなが困る。困るならどうにかしよう、という気持ちが生まれる。条件が良くなれば割がいいと感じる人も出てくるだろう。そこは、自分の向き不向きで判断すればいいのだ。

人それぞれ価値観は違う。自分がつまらないと思う仕事を、全人類が同じように思うだろうと考える方が傲慢である。

今搾取されていると感じている人は、一度、人生を見直してみてはどうだろうか？

他に行く当てがないから仕方ない。そう諦めている人こそ、自分自身のレベルアップを優先して考えてもらいたい。その仕事、誰もやらなくなればいずれ条件はよくなるハズだ。

私がやらなかったら誰がやるんだ！

そういう気持ちなら問題ない。そこにはお金に代えられないやりがいを感じているだろうから。

合わない人は自分の人生のモブキャラだと思え

常に一対一の勝負。

個人競技だけではない。団体競技でも最終局面は一対一だ。

一度にたくさんのお客さんを相手にする落語も同じである。常に一対一の勝負をしているのだ（私は）。

演者とお客さんは、どちらが偉いというものではない。演者に期待して時間とお金を使うお客さんと、期待以上の時空間を作り上げようとする演者。そこに上下はない。対等だと思っている。

これは、この世の全てに共通して言えることではないだろうか？

商売でもそうだ。サービスを提供する側と受ける側。

「お客様は神様です」

を都合よく解釈して偉そうにしている客など言語道断だ。神様という自覚があるのなら、神の如き振る舞いをすべきだろう。

お互いに高め合おうとするから成り立つ関係で、どちらかが謙虚さを忘れた瞬間に、このルールは崩壊する。

人間関係も同じだ。

上下関係は存在するが、どちらか一方が圧倒的な力を持つというのはあり得ない。もし、そうなっているなら改善するか、離脱するに限る。

師弟関係でもそうだ。

師匠の言うことは絶対である。

何があっても師匠に逆らうことは許されない。だが最初に「誰だかわからない者を受け入れる」という最大のリスクを払っているのは師匠側だ。その上で「嫌なら辞める」という最後のカードは弟子側にある。

教えて育てるという義務がある師匠に対して、弟子が受け持つマイナスはかなり少ないのだ。冷静に考えると弟子の方が優位なのが師弟関係だ。そこまでしてくれた恩があるからこそ、自分が独り立ちした時に弟子を育てるという責任が芽生えるのである。

厳しいと思われている伝統芸能の世界ですら、バランスの取れた関係が成り立っているのだ。


誰かに呼んでもらわないと仕事ができないと思っている落語家がいる。

この誰かとは、落語会の主催者である。

箱（会場）を用意して、高座を作って、お客さんを集めて……。全て整った状態で呼んでもらいたいのだ。そういった仕事の方が楽なのだ。

自分で何もしなくていい。好きな落語だけ磨いていればいいのだから、こんな幸せな人生はないだろう。

しかし、ここに大きな落とし穴がある。

客入りが良くなってくると、落語家はもう少しギャラを出せるんじゃないかと傲慢になる。逆に、客入りが悪くなってくると、多少主催者が持ち出すことになり、俺が呼んでやってるんだと傲慢になる。

私は、後者の主催者に何度か接したことがあった。

基本的にこの手の主催者の仕事は二度と受けない。

その日、入場料を払って来てくれたお客さんへのサービスなら全力でやる。しかし、偉そうな主催者にサービスを強要されるのは違う。

そこは同じ目的でともに作り上げる仲間であってほしいのだ。主催者は私にとってお客さんではない。ともに一つのものを作り上げるパートナーだ。

演者として呼ばれているのなら、ソフト面を担当するのが私で、ハード面を担当するのが主催者だ。どんなにいい条件だろうと、この関係が共有できない人とは仕事はしない。

私が仕事を受けないと言い切れるのは、他に仕事があるからで、相手にしているのはあくまでもお客さんだからだ。

その上で、私は自分で仕事を作れる。誰からも呼ばれなくなったとしても(正直、それは困るが)、何とかできるという自信があるから、嫌な仕事はやらないでいられるのだ。

自分で仕事を作れない落語家は、なかなか断れないだろう。選択肢がないのだから、生きていくには仕方がない。

幸運にも、気が付いた時にはたくさんの選択肢が私にはあった。師匠の導きとしか思えない。ここは心の底から感謝している。

金をもらえるなら何でもするという人もいるだろう。生活のために我慢しなくてはいけない場面も出てくるハズだ。

しかし、一度真剣に考えてもらいたい。その守らなくてはいけないと思っている生活は、本当に必要なのだろうか?

私は家がない。

もう、それだけで簡単に見下してくる人がいる。まだ真打という肩書きがあるから保たれているだけで、それもなかったら今以上に下に見られるだろう。

でも、それでいいのだ。

これは、私には生きやすい状況なのである。

繰り返すが、見下してくるような人とは付き合わなければいいのだ。日本だけでも1億人以上の人がいるのだから、全員と付き合うことは不可能だ。自分の波長と合う人だけと付き合いたいけど、そう簡単に見つからない。

しかし、波長の合わない相手は簡単に見つかるのだ。

この、合わない人が見分けられるだけでも私には大きなメリットとなる。

人生は有限なのだから、その限られた時間の中でどれだけ楽しむことができるのか。それを追求してもいいんじゃないだろうか？

明日終わるかもしれない人生で、つまらない我慢をする必要はあるのか、と思ってしまうのだ。

どんなに地位や権力を持っていようとも、価値観の違う人と付き合うのはストレスになる。このストレスが様々な揉め事を生み、体力と気力と時間を奪ってゆくのだ。

お金が具体的に減らないから、我慢してしまいがちだが、お金以上に大事なものを失っているという自覚を持った方がいい。

楽しいことをやってると時間があっという間に過ぎる。その積み重ねこそ幸せへの近道なんじゃないか、と思っている。

人付き合いは幸福度を簡単に左右してしまう、とても大きな要因だ。デメリットがある人と付き合う必要はない。そんな人は、自分の人生のモブキャラと思うぐらいでいいのだ。主人公とモブキャラの深い絡みは不必要だろう。

そりゃどんな人でも良い面と悪い面はある。私が最重視するのは、その悪い面だ。ここを受け入れられない人とは付き合わない。ドンドン切り捨てるのだ。なんと言っても私の人生の主人公は私なのだから。

最終的に自分の回りに誰もいなくなるかも……なんて恐れることはない。繰り返すが、日本だけでも1億人以上の人口がいるのだ、よく探せば一人や二人、気の合うヤツがいるかもしれない。それでも見つからなかったら、海外に目を向ければいい。ちょっと海を渡るだけで、何十億の人がいるのだから。

本気の趣味は仕事になる

ゲーム、アニメ、漫画。

これらは、私の世代（1975年生まれ）では子供の楽しみにカテゴライズされていたジャンルだ。いい大人が夢中になるモノではないとされていた。

しかし、「子供が楽しむモノ」という括り方がそもそも間違っているのだ。

出発点が子供向けというだけで、どんな世代にでも対応できる素晴らしいジャンルである。ジブリ作品などはすでに市民権を得ているし、eスポーツが定着すれば、アニメやゲームが子供向けなんて考え方は、古いものになるだろう。

だから卒業はしない。

いくつになっても、夢中になれるゲームやアニメがあるなんて、幸せなことじゃないだろうか？　誰に何と言われようと、私が面白いと感じればそれでいいのだ。

しかも今の時代、趣味が仕事の助けになることが本当に多い。贔屓《ひいき》の野球チームの話で盛り上がるより、モンハンの使用武器の話で盛り上がる方が多かったりする。

30歳を過ぎるまで、私はキャッチボールをしたことがなかった。運動が嫌いというわけじゃなくて、たまたま野球に触れる機会がなかっただけだ。しかし、プロ野球選手にはやたら詳しかった。野球ゲームをやり込んでいて、水島新司の漫画を読んでいたからだ。特に野球ゲームは私を何度も助けてくれた。

とある放送局でラジオ番組を持っていた時のこと、ゲストの都合がつかなかったようで、私が急遽《きゅうきょ》出演することが決まった。

少し特殊な番組で、野球場の中だけで流れるFM放送だ。球場で野球を観ているお客さんだけが聴くことができるという、かなりコアな層をターゲットにしている。

この番組でゲスト解説員をやらないか？　というオファーだった。

普通に考えれば、キャッチボールすらしたことがない、生で野球を観たことがない私に、務まるわけがない。誰もがそう思っていたが、蓋をあけてみたら殊《こと》のほか好評で、この番組を1シーズンで3回やり遂げたのだ。

野球のルールは、ゲームでしっかり頭に入っている。その上、各選手の能力はゲーム上で数値化されている。知識量だけなら遜色ないのだ。

実際の選手を知らなくても、

「シーズン中、めったに投げないけど、シュートもあるんですよ」

ぐらいはスラスラ言えるのである。

「チャンスに強いバッターなんです」

その日決勝打を打った選手が、打席に入る前の的確なコメントだ。その選手のゲームにおけるステータスは、チャンス〇だった。

「こしらさん、野球そんなに好きだったんですね」

翌日、ラジオ局で口々に言われた。

「野球（ゲーム）、子供の頃からやってましたから」

嘘はついてない。少しぐらいの罪悪感は一晩寝れば消えてしまう。

実際に前年度の選手の成績を数値化したデータがゲームに使われているのだから、間違いようがないのだ。

漫画やアニメは私が生まれる前からあったが、ゲームに関しては、私はファミコン世代ど真ん中、ゲーム元年を経験してるだけあって、目覚ましい進化を目の当たりにしている。

家庭据置用から携帯用、今やスマホでゲームをやるなんて当たり前になってきた。それぞれの用途に合わせて、ゲームの形も進化してきている。

ネットワークにつながったゲームは、新たな未来を予感させてくれる。しかもスマホのGPSと連動するのだから、ゲームのギミックは今後ますます細分化されていくだろう。

その過程で出会ったのがIngressというゲームだった。

もう、ゲームというにはシンプル過ぎる内容で、ルールが複雑になるゲーム業界にあっては衝撃的だった。

これは、青軍と緑軍に分かれ、位置情報を使って陣取り合戦をするだけのゲームだ。

しかし、規模が桁外れだった。

世界中で戦いが繰り広げられるゲームなのだ。世界地図（Google Mapsと連動しているから、本当の意味の世界地図だ）のあちらこちらに設置されている、ポータルと呼ばれるポイントを取り合う。同じ色のポータル同士を線で結ぶ。三角形の面を作る。この面積の広さによって勝敗が決まるというゲームなのだから、スケールの大きさに驚かされる。

GPSと連動しているから、プレイヤーはその場所まで行かないと楽しめない。家の中にいては意味の薄いゲームなのだ。

しかもポータル同士、ほぼ無限といってもいい距離を線で結べる。海を渡り、国境を越えて巨大な三角形を作ることもできる。そのためには、各国のユーザー同士が連携したり、このゲームのために海外まで行ったり……。子供向けとは言えない内容だ。大人の利点を最大限利用しないと勝てないゲームである。

私は仕事先が日本全国に及ぶ。必然的にこのゲームでは重宝がられるのだ。その時いる場所が重要なゲームにおいて、常に移動している人は両軍ともに必要な戦力になるのだ。

落語家として、いや伝統芸能に携わる人全ての中で、Ingress をやり込んでいるのは私だけであった。当然、ライバルは全くいない。

コミュニケーションを取らないと面白くないゲームだから、私が落語家だということはすぐに広まる。

ある日、Ingress のイベントがあるという情報を入手した。すると、間もなく私にオファーが入る。

「イベントでちょっと喋ってもらえないか？」

多分、人前で喋れそうなユーザーが見つからなかったのだろう。そりゃそうだ。ゲームに夢中になってる落語家なんて、そうそういないのだから。

そして私は、世界大会のオープニングアクトを務めることになった。会場となった仙台のゼビオアリーナには、４０００人を超えるユーザーが世界各国から集結した。

そこで落語をやったわけではないが、これだけ多くの人の前で喋ることは、そうそうない。ゲームをやっていたからこそ、貴重な体験をすることができた。

さらにこれがきっかけで、Ingress 落語会を開催した（48ページ参照）。

趣味は仕事になるのだ。

Ingress を運営している会社が次にリリースしたのが Pokémon GO《ポケモンゴー》である。これも位置情報を使ったゲームで、しかも世界的なキャラゲーである。やらないわけにはいかない。

そもそも Pokemon は落語家になってから熱心にやったゲームである。全国大会の千葉予選に出場までした熱の入れようだ（残念ながら決勝トーナメント目前で敗退したが）。

Pokemon には収集するという目的がある。出ているキャラクターを全て集める、コンプリートするという目的だ。持ち前の機動力を活かして、次々と集めていく。

しかし！

埋まらない、集まらないモンスターがいるのだ。

「その場所に行かないと捕まらない」という位置情報を使ったギミックである。行けるところは全て行った。しかし捕まらない。

それもそのはずで、日本国内だけではコンプリートできない仕組みになっているのだ。

そう、海外限定のモンスターである。

ちょっと悩んだ。そして決めた。海外まで取りに行くことを。

たかがゲームにそこまで……と思うかもしれないが、私にしてみれば、たかが崖（グランドキャニオン）であり、たかが滝（ナイアガラ）である。人それぞれ価値観は違うのだ。

この時点で行かなくてはならない地域は３カ所。ヨーロッパ、北アメリカ大陸、オーストラリアだ。

もう大人なんだから、チケットを取ってパスポートを持って飛行機に乗ればいい。とっても簡単だ。

あまりにも簡単過ぎて拍子抜けしてしまう。

そこでもう一つ、私はオプションを付けてみた。

海外で落語会を開いてみる。

全くコネはない。しかも海外で落語会を開催しているのは、売れに売れている大先輩ばかりだ。強力なバックが付いていることは容易に想像できる。私は違う。何もないところから作るのだ。

あるのはPokémon GOへの情熱と、ＳＮＳだけ。

思いつく方法をいくつも試して、試行錯誤する。

その結果、オーストラリア（シドニー・ブリスベン・メルボルン）、スペイン（バルセロナ）、アメリカ（ヒューストン）と、３カ国5都市で落語会を開催できた。

その後、Pokémon GOのバージョンアップに伴い、対象地域が増えてメキシコ（メキシコシティ・グアナファト）も追加。

国外での落語会を実現させてしまったのである。

これもゲームがあったからやろうと思ったのだ。

この時期にPokémon GOがリリースされていなければ、私は生涯国外での落語会なんて考えなかっただろう。

その後もオーストラリアでは定期的に公演を続けている。私にとっては、九州での落語会（今のところ2回）をやるより、数多く訪れているのがオーストラリアなのだ。

趣味は本気でやっていると仕事になる。


これが私の結論だ。

「好きなことで、生きていく」

なんて言われる前から私はやっているのだ。

しかも再生回数やチャンネル登録数など気にせずに！

ホームとアウェー

本拠地有利という漠然としたイメージを持ったのは、小学生の頃だった。プロ野球を通して何となく学んだのだ。

と言っても、前に書いたように、私は30歳を過ぎるまで野球どころかキャッチボールすら未経験だった。

「週刊少年ジャンプ」を筆頭として少年漫画誌に勢いがあった時代、空前のサッカーブーム（「キャプテン翼」ブーム）が巻き起こった。この真っ只中に私はいた。

しかも、主人公翼のライバルは、キーパーの若林源三（日向が出てくる前ね）。私の本名は若林だから、運命を感じない方がおかしい。

ためらうことなくサッカー部に入ったが、私にキーパーの役割が回ってくることはなかった。ポジションは主に右ウイング。滝くん（キャプ翼）のところだ。サイドを切り崩してセンタリングを上げる。あまり主役がやるポジションではない。まあ、攻撃的なポジションだから良しとしよう。

足が速かった私に、相性が良かったのがサッカーだった。

小学生時代は、陸上部にも水泳部にも吹奏楽部にも所属していた。児童会長までやっていて、これまでの人生で一番忙しい充実した日々を送っていた。

とにかく器用で何でもそこそこにやる。この「そこそこ」というのが曲者《くせもの》で、どんなジャンルでも最初は才能を感じさせてしまうのだ。ひょっとしてコレ行けるんじゃないか？　と子供の頃は希望を持ち、そして何度も限界を知るということの繰り返しだった。

「人よりも飲み込みが早い」

私の才能はこの部分だったのだ。

それなりにどのジャンルもこなしていた私に、大人どもは見当違いなアドバイスを投げかけてくる。

「一つに絞ればレギュラーになれるのに」

なれないのだ。私の才能は飲み込みが早いという一点だ。一つに絞ったところで何かを成し遂げるような人物にはなれない。そもそも、親を見ればわかる。あの両親（平凡という意味）から生まれた私に、なぜそこまで期待するのか理解できなかった。

だからこそ、あらゆるものに手を出した。どのシチュエーションでもそこそこの結果を残した。これが私の才能を一番発揮できるかたちだと信じて突き進んだ。

その結果、時間がなくなった。野球をやる時間だ。

これもすでに書いたが、野球の知識はゲームで仕入れた。もちろん野球ゲームだってそこそこ上手い。とにかく選手のデータを叩き込むことが大切で、プレイしていれば自然と身に付いてしまった。クラスの野球好きと対等に話ができるようになるまで、そう時間はかからなかったのだ。

成績や対戦相手との相性、持ち球など、プロ野球にはたくさんのデータがある。知れば知る程面白くなって、プロ野球のシーズンが来るとラジオでナイターを聴くという日常を送るようになる。

ようやくだ。

ここで私はホームゲームという概念を知るのだ。いわゆる本拠地というやつである。

全国から選ばれた才能のある選手が、最先端のトレーニングでミスのないプレイを心がけるプロ野球の世界。データだけで言えば、どんな場所で戦おうとも、結果は同じになるのではないだろうか？

だが違う。本拠地で戦う方が勝率がいいのだ。

地の利という言葉がある。しかし、プロ野球に限っては関係ないと思いたい。

敵選手にわからないように、センターのフェンスが少し凹んでるとか、軽めの落とし穴があるとか。そういうのが地の利じゃないかと思う。まあ、中にはドーム球場の空調が変だとかという噂もあるが、その球場の癖を知り尽くしたところで、絶大なメリットがあるとは思えない。

なのにどうしてホームゲームが有利なのか。

その答えは、やはりプロ野球から教えてもらったのだ。

阪神タイガースの「死のロード」。死とついているのだから、相当辛いのだろう。高校野球が行われるのが甲子園球場だから、この期間、阪神は甲子園で野球ができない。アウェーでの連戦を強いられるのだ。

プロ集団が慣れた球場でないといつも通りのパフォーマンスが発揮できないというのは、どういうことなのだ！

弘法筆を選ばずではないのか？

データから入った私は、かなり憤りを感じたものだった。

しかし、そこは能力が高い者同士のぶつかり合いだ。些細なことで勝敗が分かれるのだろう。

この、些細なことこそ重要なのでは？　と気が付いたのだ。

住み慣れた街で、落ち着けるスペースがあって、支えてくれる家族やファンがいて……。プロ野球選手として、今一番快適な環境を作れているのがホームなのでは？

アウェーだと、いくら頑張ってもホーム程の快適な環境は作れない。この現状での快適さこそ、明暗を分ける部分なのではないだろうか？

これこそがホームの強みなのだろう。


私はプロ野球選手ではない。戦う具体的な相手もいない。強いて対戦相手を挙げるなら、昨日の自分だ。

そして今、私は日本全国のみならず世界でも落語会を開催している。ホームではベストなパフォーマンスを見せられるけど、アウェーは落ちる、では困るのだ。

東京ならば、一度失敗してもまたお客さんは来てくれるかもしれない。何よりお客さんの分母の数が違う。

しかし地方は違う。一年に一度、もっと極端ならば二度と行かない場所だってある。毎月いくらでも発表の場がある、観覧の場所がある東京とは、お客さんの意気込みが違う。だからこそ、地方では東京よりも失敗が許されないのだ。

そこで私はホームという発想を捨ててみた。快適な環境をベースラインにするのをやめた。最低限の状態で力を発揮することをテーマにしてみたのだ。

それが家を持たないというスタイルだ。定住しなければ快適な環境を作ろうとは考えなくなる。

するとどうだろう。全てがホームになるのだ。

実は最初、かつてホームであった東京でのパフォーマンスは落ちた。しかし、地方での結果はどんどん良くなる。それにつれて東京での結果も持ち直してくる。エンターテインメントの体力が底上げされたと、実感できたのだ。

皮肉なことにホームを捨てた結果、全てがホームになったのだ。

今なら自信を持って言える。俺がいる場所がホームだ、と。

あなたがプロ野球選手でないのなら、ホームを捨てることをおすすめする。

副業は存在しない

副業に手を出したのは、食べていけなかったからだ。最初のきっかけは貧困だ。

前座時代、無収入だった私は（自分の責任だが）、落語をやる以外の方法で収入を得なければ生きていけなかった。

この状況は、二つ目になっても大きく変わることはなかった。もちろん、落語での収入も多少あった。できることなら落語で暮らしていった方がいい。プロという自覚を持ちたいならなおさらだ。

落語家として、「落語の仕事」を依頼されるようになるのがスタンダードなやり方だが、私には大きなハンデがあった。

高齢者向けに柔らかい落語をやりたくないという、変なプライドがあったのだ。

柔らかいというのはかなりマイルドな表現で、わかりやすいダジャレ連発みたいな落語をやれと言われるくらいなら、他の仕事をやった方がいい、というぐらい意固地になっていたのだ。

高齢者全てが、必ずしもそういう落語を望んでいるわけではないのはわかっている。漠然としたイメージとしての落語家像、古いもの、わかりやすいもの、舌触りの良いもの。これが主催者が求める落語だった。

一部の売れている人は、自分のキャラクターだけでお客さんを呼べる。しかし無名の私は、（世間がイメージする）落語家という肩書きしか武器にできないのだ。

「俺はそうじゃない。その仕事なら俺じゃなくていい」

まあ、もし依頼が来たとしても、望まれたかたちの落語はできなかっただろう。そうなのだ。そもそも私は、落語らしい落語をやることが不得手だったのだ。

本来なら自分の苦手意識を克服しようと努力するのが美しい姿だろうが、私はやらない。苦手なものからは逃げるのだ。

自ずと結果が付いてくるのが世の中の仕組み。異常なまでに頑《かたくな》な態度を取っていた私に、落語家として仕事が来ることはほぼなかった。ゼロだ！

長髪、金髪で、着物も雑に着こなす。わざわざ高齢者に嫌われるようなスタイルを通していた。地方営業と言われる落語家にとって美味しい仕事も、仮に求人広告が出ていたとしても、長髪、金髪の時点で弾かれる。

まあ、これは他のよくあるアルバイトでも同じ結果になるだろうが。

私がニーズに合わせてないのだから、誰かに仕事を作ってもらうのは無理だ。

ならば自分で作るしかない。

自主公演だ。

それこそ、力が付いて名前が売れてきてからようやく始めるのが、独演会なのかもしれない。自分の名前だけでお客さんを集めるのは、自信と覚悟が必要だろう。

私にはどちらもなかった。

でも、別にどちらも必要ないのだ。大きなビジョンやテーマなんて、選択肢が多い恵まれたヤツがネチネチ語っていればいいもので、私には他に方法がなかったのだ。

「独演会をやる。何故なら、仕事がないからだ！」

お客さんだって、そんなに来るわけじゃない。その上で会場を押さえて告知して、当日のセッティングやら何やら……。落語よりもこっちの方が大変だ。

ちょっと気を抜くと大きな赤字が出る。とにかくお客さんを呼ばなくてはいけない。しかし、その時に思いつく手を全て試しても、動員数は増えることはなかった。それどころか減ることの方が多いのだから、困ったものだ。

そこで新たな作戦に出た。

お客さんを増やすことを諦めたのである。

宣伝に使っていたエネルギーを、出費を抑える方に振り分けたのだ。

落語会を商売として考えた場合、お客さんの数がそのまま収入につながる。しかし、簡単に増えるもんじゃない。増えないなら出費を減らそう。

もう企業と考えたら末期症状だろう。このままジリ貧に追い込まれて倒産（廃業）という絵を簡単に想像できる。

しかし私の場合、ここにチャンスがあったのだ。

落語会を開催するには、支出として、大きく分けて会場費、宣伝費、当日のスタッフ費の三つがある。

この中から宣伝費に手を付けることにした。例えばチラシを自分で作れば制作コストが抑えられる。まずはそれを覚えようと思った。

自分でやれば安く抑えられる。落語「茶の湯」の隠居と同じ発想である。

すでにパソコンがだいぶ普及していた時代だ。グラフィックソフトの使い方を覚えればいいだけの話である。落語の仕事はほとんどないのだから、いくらだって時間はある。

学校に通って覚えるなんて本末転倒だ。出費を抑えるために手を出したのに、さらに出費を重ねてどうする。

何度も失敗しながら、少しずつ新しい技を覚えていく。

いいチラシができると、他の演者から「どこの業者で作ってるの?」と質問されるようになった。

もちろん本当のことは言わない。

「知り合いに安く作ってもらってるんだ」

この場合の知り合いとは、もう一人の私だ。まあ嘘ではないとしておこう。

少しずつチラシ作成の依頼が舞い込むようになると、印刷する枚数も増えてくる。現在のようにオンライン入稿が気軽にできる時代ではなかったから、CD-ROMなどのメディアを送ったり直接データを持っていったりと、アナログな部分も作業には含まれていた。

ここがチャンスだった。私は試しに印刷所に値引き交渉をしてみたのだ。毎月これだけ印刷するから安くならないか？　と。

これが通った。誰かが決めた定価は工夫すれば崩すことができる、と学んだ瞬間だった。

このスキルは現在でも本当に役立っている。目の前の定価に惑わされずに、もっと先の利益を考えられるようになったきっかけだ。紆余《うよ》曲折《きょくせつ》あって、先行投資の大事さを知るきっかけになったのもこの一件だった。

チラシの次は会場費だ。ここを抑えることができたら、波に乗れる自信があった。何故そんな自信が湧き出したのかは、今となっては不明だ。

チラシの印刷で覚えた「交渉」が、私が新たに取得したスキルである。

貸し小屋としてやっているスペースは、最初から選択肢に含まれない。交渉の余地があまりないからだ。

あちこちで発信を続けていると、これからオープン予定の喫茶店とか、昼間やってない飲食店とかが結構あるもので、落語会には不向きなレイアウトでも、工夫すればなんとかなる会場が見つかるのだ。

しかも会場代はタダで！

もちろん、タダというところに安易に乗っかっていては、後が続かない。この場所で落語会をやる店側のメリットも考えなくてはいけない。だから、こちらからもいろいろ提案する必要がある。一方的に何かを与えられている立場ではいけないのだ。

常に対等な関係こそプロであり、ビジネスだと私は思っている。憐れみだとか可哀想なんていう気持ちの上に成り立つ関係性は、かなり不安定なのだ。

チラシ作りのスキルを利用して、

「メニュー新しく作りましょうか？」

「ホームページ作りましょうか？」

簡単な日曜大工や店内の音響機材の手配、レイアウトなど、できることはどんどん提案する。

一緒にメニューを考えてくれないか？　なんて提案が向こうからあったりする。

私も「ここをこうすれば（飲食の）お客さんに親切なんじゃないか？」と真剣に考える。

それはそうだ。この店が潰れてしまっては、私の独演会会場がなくなってしまうのだから。

現金のやり取りはなくても、そこではエネルギーの交換が行われている。

そんな関係をいくつも作っている時のこと。

「塩、売ってみない？」

と声をかけられた。

私が日頃から様々なアイディアを出していたのが、功を奏したのだ！

モンゴルから岩塩を仕入れたけど、これがなかなか売れなくて困っているという相談だった。無料で会場を提供してくれる相手が困っているのだ。これを助けなくていつ恩返しをするというのか。

私は即答した。

「まずはあちこちの落語会で売りますよ」

自分のホームページが少しずつ広まってきた頃の話だ。

「通販もやってみましょう。知り合いの飲食店にも声をかけてみましょう」

思いつく限り、全力で塩の販売をやってみた。

一つ、大きな勘違いを訂正しておきたい。

私には副業というものは存在しない。

全てが本業で、それらは落語家として生きていくために必要な要素なのだ。

私にとって、塩を売ることと、落語家であることはイコールなのである。

落語は庶民の物語だ。

浮世離れした伝統で身を守っているようでは、庶民の物語は語れないのではないか？

まあ、そのために塩を売るというのは、少々乱暴な論理だが。

この塩販売が一つのきっかけとなり、アマゾンを使った何も持たない生活が生まれたのは言うまでもない。


その一方で、落語会のみならずアイディア出し等で呼ばれたりする度に、主催者や関係者とパソコンの話をするように意識した。

最初はコストを抑える目的で始めたパソコン導入である。最新の、おしゃれで高性能なパソコンなんて買えるわけがない。どうしても中古を選択するしかないが、ちょくちょく壊れるのだ。これを何とかして直す。どうやって？　と聞かれれば「気合で」と答えるしかない。

こうして、知らず知らずのうちにパソコンのハードとソフト両面の知識が身に付いていたのだ。

私の肩書きは落語家である。それがパソコンを使いこなすというのは、相当ギャップがあったようで、面白がってあちこちから声がかかるようになった。

落語だけではない。ひょんなところからつながって、様々な依頼が舞い込むようになる。フリーペーパーの立ち上げや、本の編集、音声や映像の編集といったところまで、今までの手仕事が急速にパソコンに移り変わる、そんな時代だったのだ。

「こういうの詳しい人知らない？」

そういう時に、私の名前が上がるようになっていたのだ。

こういう変わり目はプロフェッショナルが存在しない。言ってみれば少し詳しいヤツが先頭に立てるチャンスでもある。

現場の人間も詳しくないのだ。仮に自分が詳しくないジャンルでも、「できます」と言って仕事を取ってもその場ではバレない。締切までに結果を出せればいいのだ。

そこは自分の器用さに自信がある私だ。自分を信じればいいだけである。

仕事として新しいジャンルに触れると、興味が湧いてくる。元々その道のプロじゃないから、柔軟な発想ができるのだ。いくらでも残っている、まだ世に出ていない部分が、私の付け入る隙だ。

こんなに条件の整った環境はこれまでなかった。前座の頃の鬱々とした暮らしに比べたら、楽しいことばかりである。人から頼りにされるし、褒められる（映像コンテストでグランプリに輝くなんてことも！）。しかも収入にもつながる。見よう見まねであちこち手を出した。

ある日、喋る方の依頼が来た。

メールサーバの仕組みをみんなの前で話してくれないか？　というものだ。今風に言うとセミナーである。

何度かの打ち合わせの結果、メールサーバ落語という、今後誰もやらないであろう、不思議なものができあがった。

今までの落語家がやらないであろう仕事を、落語家として受けるようになってきたのだ。

もう、こうなると勢いに任せて何でもやった。待つだけでなく、興味が湧いたものに関してはやってみた。

大半は失敗する。そりゃそうだ。全部成功していたら、私は今頃億万長者になっていただろう。

でも失敗していいのが落語家という仕事。その失敗談は高座で喋れる。フリートークのためにワザと失敗しているんじゃないかと思うぐらい、話題には事欠かないのだ。

私には副業は存在しない。

第6章　ＩＴと落語

最先端技術を取り入れる

落語家と最先端技術。

世間的にはかなり温度差を感じる組み合わせではないだろうか？

落語の古典芸能という側面が、お年寄り向けコンテンツというイメージを加速させている。

ただ、「お年寄り向け」というのは戦略として正しい。時間とお金があるのはお年寄りだ。若者がどちらも手に入れづらい現状では、商売として考えた場合に「お年寄り向け」という回答は、とてもスマートだ。

年代で区切った場合、若者よりもお年寄りをターゲットにした方が商売は成り立ちやすい。私レベルでも、ギャラがいいのはお年寄り向けに設定された落語会だ。業界として、どこをメインターゲットにするか。これができているところは強い。

超一流になれば話は別だが、子供からお年寄りまで全員を楽しませます、というのは不可能に近い。幅を広く取れば分母の数は増えるが、密度が下がる。その上で、客席に私のような天の邪鬼がいる可能性もあるのだから、全員を楽しませるなんてどうやっても無理だ。

落語はたった一人で、派手な装置も使わずにお客さんの視線を集めなくてはいけない。一番大切なのは好きになってもらうこと。これ、難しいようでいて意外に簡単なのだ。それなら、その方法で意中の相手の好意を簡単に手に入れられるんだろうな、と言われれば、それはまた別問題で、そこまでの「好き」は必要ない。

最低限嫌われない程度を維持できれば、少しスライドさせるだけで軽い「好き」はゲットできるのだ。

どうやれば嫌われないか？

あなたの味方ですよ、ということを表明すればいいだけだ。

落語が強いのはその部分で、弱者の物語が大半を占めている。失敗談の塊だ。庶民の物語だから当然だ。形は定まらないけど、漠然とそこにある「権力」というものに楯突いてみせるのも常套手段で、落語をやるだけでお客さんの懐に入り込むことができる。

しかし、これだけでは好きの度合いが軽過ぎる。

大切な要素は、共通の敵。これこそ極上の料理を仕上げるために必要なスパイスである。

集団がより結束するのは、同じ方角を向けた時だ。「好き」では曖昧になる矢印も、「嫌い」だとはっきりと強い方向を示すことができる。→と➡の違いだ。

客席にいるお年寄り全般が苦手なのは、新しいモノだ。これは仕方がない。生き物の性《さが》なのだから責めることはできない。いずれ自分もそうなるのだから、お年寄りの特徴ぐらいに思っておけばいい。

ここまでわかれば後は簡単だ。

新しいモノを否定していれば、お年寄りは味方になりやすいのだ。受け入れてもらえる、好きになってもらえる。最先端技術を意識的に嫌うことによって、お年寄り向けビジネスはより演りやすくなっていくのだ。

「未だに携帯の使い方がわかりません」

お年寄りに対する殺し文句として、これほど優れたものはない。

これでハッピーエンドだ。落語はお年寄り向けという強いメッセージを出し続ければ、長く生き残っていけるだろう。

しかし、これではもったいない。そんな気持ちも強く持ってしまう。どの世代にも対応できる可能性を持っているのが、落語というコンテンツだ。お年寄りだけの娯楽でまとまってしまうのはもったいない。

だから私は、最先端技術を意識的に取り入れている。塩ひとつまみ程度だが、必ずどこかに忍ばせるようにしている。

もちろん、それによってお年寄りから蹴られることもある。でも私のターゲットはそこじゃない。

私を好きになってもらうのではなく、私のことを好きな人を探すのだ。相手に合わせるのではない。合う人が来てくれればいい。それが私のモットーだ。

なんだか偉そうに聞こえるかもしれないが、相手の機嫌を窺いながら自分を押し殺してまで金を得ることに比べたら、よっぽど健全じゃないだろうか？

私は楽しいことがやりたいのだ。

１年間を、１日を、楽しいと思えることで埋め尽くしたい。無理なのはわかっているが、そこに近づくための努力はきっと楽しいだろう。自分が面白いと思えることを、その場にいる人たちも面白いと思えるのは、幸せなことなんじゃないだろうか。

客席の人数を競うならば、やり方は変わるだろう。しかし、自分の幸福度を競うなら、私は間違ってないと自信を持って言える。

新しいことは面白いし、ワクワクできる。それを楽しいと思える人に向けて、今は落語をやっていきたいのだ。

お年寄り向けとわかる落語会は、(よっぽど条件が良くない限り)受けないようにしている。だから、そんなに稼いでない。でも毎日が楽しいのが私だ。

お金で何を手に入れたいのか？　幸せではなかったのか？

ならば、最初から幸せに手を伸ばせばいい。間にお金を挟むから目標を見失ってしまうのだ。

ＩＴを仕事に活かす

芸能人と言えばマネージャーだ。

実態はよくわからないけど、何やらそういう仕事がある。付き人や運転手なんていうのも、これに含まれるかもしれない。

落語家の場合は弟子になるのだろうけど、意味合いは大きく違ってくる。マネージャーはマネージメントの専門職だが、落語家の弟子は見習いであって、将来の落語家だ。弟子は、あくまでも落語家として花開くために、ついでに付き人をやっている。

「ついでに」と言うと、業界的には語弊があるかもしれないが、気にしない。

落語家のスキルとして、マネージメント能力が必須だと理解してる人々からは、クレームは来ない。現状をよくわかっていない、形式だけの修業を夢見てる外野からしか文句は出ないのだ。

彼らは将来、立派な落語家になるための修業の一環で「マネージャーらしい」ことをしている。優秀なマネージャーを目指している弟子なんて、そもそも存在しない。修業期間に、自分の師匠を通して仕事のやり方を学ばせてもらっているのだ。

落語家の大半が個人事業主である。自分でスケジュールを管理して、自分でプロモーションをする。自分じゃない場合、おかみさんや親兄弟がやったりする。規模としてはとても小さい。一握りのスターが事務所に所属したりして、マネージメント専門のスタッフを抱えるというのが本当のところだ。

一人で全部やる場合、マネージャー業はあくまで本番の落語を見せるためのついでである。いくら売り込みがうまくても、落語がつまらなければ話にならない。落語界はそういうことを教えてくれる先輩がいるからいいのだ。


これが芸能界となると、意味合いが変わってくる。私はたまに、華々しい世界で輝きたいという若者の相談に乗ることもあるのだが、彼らはまず事務所に入りたいと言う。掘り下げて聞くと、事務所が自分を売ってくれて、マネージャーの言うことを聞いていれば勝手にスターにしてもらえるそうだ。スターになれるなら辛いことも頑張れると。

それならば、自分のセールスポイントぐらい自分で主張しろ！

仕事も自分で取ってこい！

そこが一番辛いんじゃないか？

面倒くさいところなんじゃないか？

やりたいことだけやって生きていけるなんて、YouTuber《ユーチユーバー》の幻想だ。

まあ、ちゃんとしてる若者もいるから、これは極論なのかもしれない。

しかし、事務所は慈善事業をやってるわけじゃない。利益を出さなくては組織として存続できない。

そもそも、マネージャーを一人付けるとなったら、少なくともマネージャーが暮らせるだけの利益を自分の収入とは別に作らなければいけない。現状で日本の平均年収にすら届いてないヤツが、よくもそんな大それた発想ができるもんだ。

その点、落語界は健全でいい。

全部自分でやるところからスタートするのだ。

ちょっと前までは名簿を作って、お客さん一人ひとりにＤＭのハガキを出したものだ。

脚本、演出、出演のみならず、その他諸々の落語会開催にまつわる全てを、自分でやることから覚える。その落語以外にかかる手間の多さと言ったら、嫌になる程だ。

そこに技術革新の波がやってきた。

ＩＴである。

正直、手放せない。完全にマネージャー業を請け負ってくれているのだ。

面倒なＤＭもローコストで一度にお客さんに届けてくれる。スケジュールだって、カレンダーアプリのリマインダー機能で、翌日の動きや、当日の移動方法、事故があった時の迂回方法まで、的確に指示を出してくれる。

何より、仕事も取ってきてくれるのだ。

いい落語会ができれば、その感想がＳＮＳに上がる。それを見て落語会のオファーが来る、新しいお客さんもゲットできる。

落語会のギャラ交渉だって、ある程度のフローチャートを作っておけば、音声ガイダンスで対応できそうだ。

もう少しＡＩ（人工知能）の使い勝手が良くなったら、本当の意味でマネージャーが不要になるだろう。落語家が落語だけに集中できる日もそう遠くない。

都内で何カ所か掛け持ちで仕事があっても心配いらない。

起きなくちゃいけない時間にスマホのアラームが鳴る。ミュート（消音）してあったとしても、優秀なＡＩが現在地から（ＧＰＳ機能によって）自宅だと判断して、フルボリュームで起こしてくれるだろう。

現在地からの移動は、事前に予定を入れてあるカレンダー通りに、Uberを自動で手配してくれる。本番を終えると楽屋に昼食が出前館（全国のお店に注文できる宅配ポータルサイト）から届く。前もって好みや栄養バランスも、過去の自分のデータから算出してくれるハズだ。

個人情報が……、とか言ってる場合ではない。自分の情報はどんな細かいことであろうとも、ビッグデータに差し出した方がいいのだ。勝手に私を管理してくれるからだ。

次の現場に行く車（Uber）の中で、腰の張りを感じた。最近、少し忙し過ぎたのかもしれない。

この日2件目の仕事は、少し楽屋入りが早かった。そこに合わせるように、ＡＩが手配したマッサージ師が楽屋にやってきてメンテナンスしてくれる。

滞りなく3件目の仕事を終えたら、飲みにでも出かけよう。

ＡＩが電話帳からオンライン状態の友達をＧＰＳで探してリストアップしてくれる。集合場所と「今日は俺の奢りだ」の一文を付けてメッセージを送信する。

大勢で盛り上がった後は、近くのビジネスホテルを音声入力で探してバタンキューである。

もう、現状で半分ぐらいは可能だ。

このネットを使ったサービスは、今後、もっと加速するだろう。

それは演者側だけではない。客席だって同じように変わるだろう。落語はお客さんに集中力を強いる芸能だ。落語の見方を知らないまま、映像なんかで観ても面白くないのは当然で、物語の中に積極的に入らないと面白味が半減する。

テレビやネットで観る落語と、ライブで観る落語は別物と言ってもいいぐらいに違う。同じ時空間を、演者とお客さんが共有しているからこそのライブ感なのだ。もしネット上のアバターと現実の自分を、極限までリンクさせることができたら、実際の落語会会場と同じ感覚で、新しい落語会が作られていくかもしれない。

タイムラグもなく、ほぼパーフェクトな翻訳機能が付けば、全世界にライブ配信も可能だ。

こうなると、今で言う落語というかたちではなくなるかもしれないが、それはそれでいい。時代に合わせて変化することで、芸能のジャンルとして生き残ることが先決なのだから。

50年後の落語家はどういう暮らしをしているのか、今から楽しみである。

第7章　落語について

古典落語、改作の方法

伝統と名の付くジャンル全般に言えるのだが、決まった型を何度も繰り返して学ぶ鍛錬が必要なんだろうなぁ、と何となく考えている。

私はこの鍛錬が好きではない。何度も繰り返し練習することが好きだという人は少ない。退屈だし面倒臭いし、小学校の頃にノート一面にびっしりと書いた「表情」という漢字を思い出す。間違えたからやらされた宿題だ。

正解があるものに少しでも近づけるという作業が、うっとうしく感じるのだ。それが芸であり落語家というものだと定義付けされるなら、私は落語家ではないだろう。

私は古典落語を型通りにやらない。いや、型通りの古典落語は私にはできないのだ。本気で人生をかけてやればできるかもしれないが、さほど努力しなくても、私よりできる落語家は山のようにいる。

もう子供じゃないんだから、苦手だと感じているものを無理やり矯正しなくてもいいだろう。その（俗に言う）落語という土俵で勝負しても、私に勝ち目がないのは明白だ。だから、勝てるところで戦えばいい。私にしかできないことをやってみて、お客さんが来なければそれまでだ。ライバルの多い場所で勝てないと感じるならば、自分が勝てるジャンルを探せばいい。

これだけ娯楽が細分化された時代なのだから、そこを活かさないのはもったいない。私は落語界という世界の隅っこで、さらに隙間を探して生き長らえているのだ！

その結果、都心部ではマニアックと言われながらも仕事として成り立っているし、地方では企画力を活かしたやり方で、こちらも仕事として成り立たせている。

古典落語をベースにはするが、もう原形をとどめないほど壊す。原作（古典落語）を知らないお客さんには、パロディーであることすらわからないようなやり方をする、前後にオリジナルエピソードを追加する、などなど、やりたい放題だ。

師匠志らくには、落語が好き過ぎて、こじれたお客さんしか集まらないと言われる。

一方地方では、落語の持つ古典芸能のイメージを活かして、これまで大衆演劇などをやっていたところに、落語をより手軽なコンテンツとして売り込む。

過疎化や移住問題、農業などと落語を組み合わせた提案をしてみるなど、私の強みは組み合わせだ。

これはネタ作りでも、仕事を作るにしても重要になってくる。

最近で言えばネットだ。プログラムにしても、ネットワークにしても、ハードウェアにしても、どのジャンルにも専門家はいる。私は専門家と名乗れる程の知識も経験もない。しかし、ここに「落語家で」という肩書きが付くと、私にしかできないジャンルが誕生するのだ。

ナンバーワンを目指さなくても、オンリーワンを追求すればナンバーワンになれる。

落語と何を組み合わせれば面白くなるのか。私が生き残れた一番の要因は、この組み合わせの妙なのである。

ただ、どのジャンルでも、ニワカファンというのは疎《うと》まれる傾向がある。

新規のお客さんなのだから優しく受け入れればいいんじゃないか？　とも思うが、一方で詳しく知りもしないのに、通ぶって語られたくないという心理もわかる。

だからこそ新しいジャンルを手に入れようとした場合、それ相応の知識や実力が伴う必要がある。

この部分は手を抜いてはいけない。安易に首を突っ込むとニワカファンというレッテルを貼られて終わってしまう。

何よりも大事なのは、好きかどうか、である。流行っているかどうか、今後流行るかどうか、そんなモノサシは不要だ。

好きであれば、そして好きであることが伝われば、後は時間をかけさえすれば受け入れてもらえるのがマイナーな業界の良いところだ。

競争原理が働かない市場は、結果でなく、努力を評価してくれる傾向が強いのだ。だから、一般人が引く程の時間をかけて没頭すればいい。ゲームにしても、仮想通貨にしても、「キモイ」と言われるところまでのめり込めたら合格である。こうしてマイナスの意味でのオタクになることが近道なのだ。

ここに、落語家という肩書きを混ぜ合わせると、新たなジャンルの完成になる。そう、このジャンルは私しか獲得できないものなので（今のところね）、当然トップを取れるのだ。

こうやって、あらゆることを組み合わせていく。これが私のネタ作りと言えるだろう。

では、もう少し突っ込んで落語にスポットを当ててみる。

私は気持ち悪いぐらいアニメを観るし、ゲームをやる。

これらのジャンルに、私は子供の頃から親しんでいるし、何より好きなのだ。ただ、前にも書いたように、私の世代では、大人になったら卒業する世界だと、漠然と考えられていた。しかし、実写のテレビドラマや映画の方が大人向けとされていた時代はもう終わった。いくらCGが発達しても、アニメやゲームでの表現力には敵わないと思っている。リアルでないことのリアルを作れるのは、これらの最大の強みではないだろうか？　変身したり、合体したり、なんの特徴もない高校生が世界を救ったり。荒唐無稽なシチュエーションですら、不思議な説得力で観るものを引き込んでいく。

これは、落語ととても似ている。

落語家が表現している世界は、すべてが絵空事だ。お客さんが想像して理解し、初めてできあがる風景である。

アニメやゲームを知っている世代こそ、落語を観る下地ができあがっていると言っても過言ではないだろう。

だから私は積極的に取り入れる。

例えば「死神」という落語がある。死神と契約して医者になる力を手に入れるという筋書きだ。

そして「魔法少女まどか☆マギカ」というアニメがある。インキュベーターと契約して魔法少女になるという筋書きだ。

何という親和性だろう。

これはもう、同じ話なのではないだろうか？

両者とも話の大筋は、主人公はリスクを取って大きなリターンを得る、しかし、このリスク部分に関する説明の多くが未知数、というもの。リターンの大きさに伴ってリスクが変化するというテーマまでもリンクしてくる。だから細かい設定をいじるだけで、「死神」が「まどマギ」になってしまうのだ。

これをやらない手はない。

パクリではない、リスペクトだ！

わかる人（「まどマギ」を知っている人）だけがより楽しめるという構成で、私は「死神」という落語をやっている。

このように私は、わかる人だけがより楽しめるというスタンスで、落語を作っている。改作のネタには事欠かない。好きな作品は無数にあるのだ。それらを組み合わせていけばいい。

もう一つのやり方は「ＩＦ」、もし○○だったら、という改作の仕方だ。こちらの方がより簡単だ。

「抜け雀」という落語がある。力のある絵師が雀の絵を描く。これに生命が宿り、実体化して飛び立つという荒唐無稽な話である。絵の中でも現実の世界でも飛び続けているから、疲れて雀が死んでしまうかも、というところからオチ（下げ）に向かっていく。

本来の形はここまで。これをもう少し拡大解釈してみよう。

雀が生きているという前提で、話は進むのだ。ならば水も飲むだろうし、餌だって必要だ。子孫を残すことだって遺伝子に刻まれているかもしれない。他にも絵から抜け出た生き物はいないだろうか？

こうやって、「抜け雀」という古典落語を中心に、サブエピソードや第二期を作ってもいいぐらい、無限にエピソードが増やせる。いくらでも世界は広がるのだ。

「元犬」という落語もそうだ。

犬の願いが天に届いて人間になる。犬の常識と人間の常識がぶつかることでドラマが生まれるのだが、ここで終わってしまう。もったいない。

ではここに、猫から人間になった同居人がいたらどうなるか。その家の屋根には人間から鳥になった雀がいたら？

このように、古典落語は原石だらけなのである。二次創作にはこれ以上ないジャンルとも言えるだろう。

私にとって落語は経典であり、落語を作るのは二次創作だ。発表の場となる落語会は、コミケと同じと思っても間違いではない。

新しいビジネススタイル――「こしらの集い」

毎月一回、続けている落語会がある。「こしらの集い」と名付けた会だ。いつからやっているのか、もう覚えていないが、5年以上は続けている。

元々は師匠志らくが毎月やっていた「志らくのピン」のパクリである。みんなが「今回のピンは……」なんて略し方をしていて、かっこいいなぁと思ったのがタイトル付けのきっかけだ。出発点がミーハーな気持ちだったから、第一回の会から「集い」と略して話したことだけ覚えている。

師匠には「悪いところだけ真似しやがって」とよく言われる。全くもってその通りで、師匠程の落語に対する熱意もなく、かっこよさだけ真似して始めたのが、この落語会である。

落語会という言い方も、正確には違う。新しいビジネススタイルを作ろうとして始めたというのが本当のところだ。重ね重ね師匠には申し訳ない。

事の始めは、アンケートの入力作業だった。

自分の会社を作って間もなく、不思議な仕事が舞い込んだ。データ入力作業だ。手書きで書かれたたくさんのアンケートをデジタルデータに変換するという仕事である。膨大な量があり、寝る間も惜しんでバイトを雇って何とか片付けた。思い出したくない記憶である。

この仕事が終わっても、まだ依頼が続く。アンケートの枚数が足りないというのだ。アンケート一枚につきクオカード一枚つけるから集めてもらえないか、という依頼だった。もう、この頃は世の中の末端と言われる仕事ばかりしていたのだ。

そこで、あちこちに声をかけて協力してもらった。結果的にかなりの枚数を集めることができ、とても感謝された。

どんな仕事でも結果を出していると新しい扉が開くもので、今後もデータ入力と並行してアンケート集めの仕事もお願いしたい、と依頼された。私は喜んで引き受けた。

仕事がなければ組織は成り立たない。私一人でも落語だけでは暮らしていけないのだから、仕事を選んでいる場合ではないのだ。

この時、ハタと気が付いた。アンケートを一枚書くと５００円（クオカードだけど）、アンケートのデータ入力は30円。どちらが得なのかは誰にだってわかる。

預かったクオカードを配らなくてはいけない、というルールはない。そもそも仕事の予算自体もクオカードで支払われるという、かなりグレーゾーンな依頼だったのだ。

別のジャンルで、同じ時期にアンケート集めを依頼されることもある。

それなら、人が大勢集まってる場所で、一度に記入してもらったら効率が良くなるんじゃないか？　しかも、クオカードを渡さずに書いてもらえたら、それらは全て私の収入となる。

何かないだろうか？　集まる所……、人が集まる……、あ！　落語会か！

そうだ。落語会をやろう！
それも入場無料でだ！
入場料を取らない代わりに、大量のアンケートに協力してもらうのだ。
お客さんは無料で（こしらの）落語を観られる。
私はアンケートに使う予算を懐に入れられる。
そうなのだ。私の落語会「集い」は、アンケート「集め」が本当の由来なのだ。

これは面白い試みになるぞ！　と準備を進めていたのだが、現実はそう上手くいかなかった。このアンケート会社が音信不通になってしまったのだ。風の噂で潰れたと聞いた。
残念ながら、私の素晴らしいアイディアは実現しなかったが、落語会として今日まで続いている。落語会と言っても、半分以上がフリートークだから、そこも胡散臭《うさんくさ》いと言われれば反論はしない。

私の落語は全て、この「こしらの集い」から作られたものだ。ネタ下ろしも、新しい試みも、全部ここでやる。それに少しずつ手を加えていくのが他の落語会だ。やりたいことをやるのが、この会なのだ。

元々、取らぬ狸の皮算用をかたちにした会なんだから、無難に平均点を取りにいくのは間違っているのだ。

面白そうな事柄はどんどん取り入れる。落語本編に限らず、フリートークの内容にとどまらず、会そのものを利用して実験場にしてみた。

グッズ制作にも力を入れており、毎月オリジナルの商品を発表していた時期もあった。

これまでで一番のヒット商品は、ニンテンドーＤＳの自動連打装置だ。たまたま会場に来ていた何かの制作会社の人から、うちで商品にしたいと声をかけられた（残念ながら話だけで終わったけど）。

この連打装置は、低速モーターと自転車のブレーキワイヤーと１００均の小物を利用して、ドラクエの自動レベル上げ機として発表した。主人公の勇者を、ゲーム内のマップのある位置に立たせてから、この装置を起動するとレベルが自動で上がります！　というシロモノだ。

もちろん、落語を観に来ているお客さんが大半なので、みんな「？」となっていた。

でも、それでいいのだ。落語らしい落語は他で聴いてくれ。お客さんには一切合わせない、私がやりたいことをやる場所なのだから。

そんなスタンスで続けていたから、当然、お客さんは減る一方。

もう、やめようかなと思っていた時だ。ヘヴィメタル、ハードロック専門誌「BURRN！」の編集長、広瀬《ひろせ》和生《かずお》さんが、とある雑誌で、私のことを勧めてくれたのだ。力のある人とはこういう人のことをいうのだろう。翌月から不思議なくらいお客さんが来るようになった。

来たお客さんも、最初は何が面白いのかわからなかったかもしれない。しかし、あの「広瀬和生」がいいと言ったのだ、どこかいいところがあるのだろうと、期待の目で私を見てくれるようになる。私にとっては救世主である。

広瀬さんのことを、カップ焼きそばを失敗したような髪の毛の人、と言ってしまったことは、本当に申し訳ないと、今でも思っている（広瀬さんをご覧になったことのない方は、画像検索をしてみてください）。

お客さんが入ってくれるようになると、さらにできることは増える。

ここで、落語に専念しようと思わないのが、私のいいところであり、悪いところだ。

毎月のグッズ制作に見切りをつけて、新たに考えたのが「お客さんにグッズを作ってもらう」ことだった。

完成品を買い取って、それを会場で販売する。どうせなら不用品を買い取ってもいいかもしれない。落語会を古道具屋にしてしまおうという試みだ。

警察まで行って古物商の許可申請をする。よし、これで古道具屋ができるハズだった。しかし、ここでも私の前に大きな壁が立ちはだかる。

法律という壁。乗り越えるのも壊すのも許されない壁だ。

「届け出のない場所での買い取りは不可」

そう、落語会の会場を警察に届け出ないと、買い取りはできないのだ。

しかし、せっかくここまでやったのだ。何かできることはないだろうか？

古物商には専門という考え方がある。届け出る時に、主にどんな種類の古物を扱うか自己申告するのだ。

私はどのジャンルの専門家でもない。しかし、一つだけ私の仕事に近いジャンルがあった。

「チケット商」

落語会はチケットを販売する。少なくともこれなら胸を張って専門家と言い切れるのではないかと思い、チケット商として登録したのだ。

これがヒントになった。

チケットの中には金券も含まれる。ならば現金だけでなく、金券でも落語会に入場できるようにしたらどうだろうか？

普通に価値がある金券だと、本物と偽物の区別がつかない。それこそ私の落語会がマネーロンダリングの場になるのは困る（そんなに大きな規模じゃないけど）。ならば、みんなが不要だと思っている金券に、改めて価値をつけてみたらどうだろう。

さっそく翌月からテレホンカードで入場できるようにしてみた。

入場料２０００円のところ、テレホンカードなら２５００円分という、得なんだか損なんだかわからない値段設定だ。

これを始めてみて驚いた。みんな持っているのだ。携帯電話がこれだけ普及して、公衆電話が次々と姿を消しているのに。

結果的に、数百枚というテレホンカードを私は手に入れた！　これを一枚ずつネットショップに並べる。一枚でもレアカードがあれば大逆転となる……ハズだった。残念ながら、テレホンカードの市場自体がかなり小さくなっていたので、お宝は一枚もなかった。売ったところで半値以下だ。

それでもいい！　俺はチケット商だ！　テレホンカードをたくさん持っているのがプロの証なのだ。

残念ながら、テレホンカード作戦は失敗と言わざるを得ない。

しかし、ここで諦める私ではない。次の手を打った。

電子マネーである。

Ｓｕｉｃａ払いがようやく浸透し始めた時期に、私も参入してみた。落語会に電子マネーを導入したのだ。残念ながら本命のＳｕｉｃａは回線の都合で入れられなかったが、Ｅｄｙ《エディ》は使用許可が出た。

そして、今はその発展系で、仮想通貨の支払いにまで対応している世界で唯一の落語会になった。ＢＴＣ（ビットコイン。仮想通貨の一つ）で支払える落語会の誕生である（今現在、電子マネーですら世界で唯一なのだが）。

このように、落語会というコンテンツを使って、様々な可能性を模索しているのが「こしらの集い」なのだ。

アンケート集めから始まったこの会、まだまだ可能性は山のようにある。

この会を通じてCDを出すことが決まったり、毎月配布している「月刊こしら」というフリーペーパー（バックナンバーは有料）がきっかけで、本書の執筆依頼が来たのだから、元は十分に取っているのだ。

地方の落語会

東京都内だけで、とても異質なスタンスの会をやる一方で、少しずつ東京以外でのオファーも増えてきた。

こしらの集いでやっている内容（特に落語）は、落語を初めて観るお客さんにはちょっとキツイ。難易度が高いのだ。説明もほぼなく、前提とする知識量がやたら多いからだ。特に、古典落語を大胆にアレンジしたものなどは、大胆が過ぎて原形をとどめていない有様だ。

古典落語をほぼそのままの形でやった方が反応はいい。そうなのだ。古典落語というものは、初心者、玄人、年齢の違いなど、何も気にせずに誰もが楽しめるコンテンツとして完成されているのだ。

地方の落語会は、お客さんを集めるのだって一苦労だ。主催者が必死に集めてくれたお客さんを、ポカンとさせたまま帰すのは心苦しい。だから、古典落語っぽい古典落語をやるしかない。私の得意とするスタイルは、「集い」のみでしか通用しないのだ。

先人が残してくれた完成度の高い古典落語。仕事なのだから、それを丁寧にやればいい。お客さんに合わせて落語をやる。プロとして当然だろう。

だが、これがあまり面白くない。お客さんが楽しめればそれでいいのかもしれないが、私が面白くないのだ。

加えて、ネットが隅々まで行き渡り、どこにいても等しく情報を受け取れる時代、たまに客席に紛れているのだ、アバンギャルドな私を知っているお客さんが。ほんの一握りだけども、お年寄りに混じって私に熱い視線を投げかけてくる。

「噂のこしらはどんな落語をやるのだろうか」

心の中で「スマン」と手を合わせながら無難な噺をやって、ほのぼのとした落語会を成り立たせる。

「まあ、楽しかったけど噂ほどじゃないな」

そういう感想が来るのはわかっている。しかし私もプロだ。客席の大多数の高齢者を楽しませるのが最優先だ。東京の集いに来てくれたら、本気見せるから……。


そんな言い訳を、常にし続けていた。

仕方がないじゃないか。あの状況では俺にはこれしかできないんだ。地方はあくまでも金儲けだ。教わった通りの落語を無難にやってギャラをもらって帰ってくる。みんなが喜んでくれてるんだからいいだろ？

こういう時、自分を守るための言い訳はいくらでも湧いて出るものだ。そういう言い訳で問題をうやむやにし、とりあえずの落とし所を見つけて平和な日々を送っていけばいい。何よりやりたいことは、東京の「こしらの集い」で、できてるじゃないか。

逆に言えば、そこまで理論武装をしないと納得できない、ということでもある。

かと言って、主催者の意図を無視してやるわけにもいかない。

じゃあ、どうすればいいのか？

そこで始めたのが、地方版「こしらの集い」だ。自主公演で月一回、東京以外で開催という決まりでスタートさせてみた。最初は、名古屋、大阪、津、京都の4都市で開催した。話題を作るために、クラウドファンディング（出資者を募ってプロジェクトを進める、プチお旦制みたいなもの。もちろん出資者に具体的な見返りが必要）も絡ませてみた。

しかし、そう簡単にお客さんは集まらなかった。

そりゃそうだ。私の知名度なんてそんなもんだ。落語好きならば一部の人が知っている程度。しかも根っからの古典落語好きには相手にされていないのが私だ。

ただ、この地方版の「集い」は、主催者が私である。誰に気兼ねすることもない。東京と同じ密度の噺をぶつけていく。脱落するお客さんもいれば、面白いと思ってついてきてくれるお客さんもいる。

途中から浜松会場を加え、全5都市、毎月一回のペースで開催するようになった。

最初にお客さんが来なくなったのが京都だった。ろくな宣伝もしてないのだから仕方ない。

次に名古屋が来なくなった。

現在は大阪、津、浜松での開催が続いている。

もちろん、収益は度外視だ。そんなことを言っていては何も始まらない。でも、私の心のモヤモヤはかなり解消されたのだ。

おかしな言い訳を並べ立てるぐらいなら、自分でやっちゃえばいい。

これまで、今の落語界は……なんてこと、考えてもいなかったハズなのに、いつの間にか流されて（？）考えるようになっていた。それに気付いたことが、私にとって最大の収穫であり利益だ。

毎月4都市（最大は6都市だったけど）で独演会を開いている落語家は、私だけではないだろうか？

規模の大きさは問題にしていない。やっているという一点に限って、私はトップなのだ。あれもこれも欲しがるから何一つ手に入らない、という人をこれまでたくさん見てきた。一つでもいいのだ。それが私のスキルになり、アビリティ（能力）となっていく。

この全国版「こしらの集い」を始めてから、大きく変わったことがある。地方の落語会の主催者に一言お願いするようになったのだ。

「なるべく若い人を集めてください」

集めるのは大変だろうけど、そこをお願いするのだ。最初から「敬老」といったタイトルが付いているような会は断る。何故ならストレスが溜まるからだ。ただし、ギャラがとてもいい時に限っては引き受ける。

さらに、若い人を集められる会をどうやったら続けられるか、主催者と一緒に考えるようにした。

それと同時に、自主公演の機会を増やそうと考えた。お得意のクラウドファンディングを使って、である。

なんと、47都道府県での開催を企てたのだ。各都道府県で、10万円集まった場所で落語会を始める、という計画だ。

これは、潜在的なお客さんが、どこにどれだけいるのかを知る賢いやり方だ！　しかも最初から経費として使える10万円が手元にある。素晴らしい試みだと思い、始めてみたが、散々な結果に終わった。

どの都道府県も、1万円すら集まらないのだ。

これは失敗だった、と諦めかけていた時、シンガーソングライターで、作詞・作曲家の畑《はた》亜貴《あき》さんがポンと10万円を出してくれたのだ（最初は匿名だったので、誰だかわからなかった）。しかも沖縄での開催である。

別にただ落語会をやるだけなら簡単だ。問題は、私を観たいというお客さんが沖縄にどれだけいるか、という点である。

そもそも、お客さんの数をある程度把握するという目的のクラウドファンディングだった。一人で全額出す人がいるなんて想定外だ。さすがに畑亜貴さんと、高座と客席で一対一で向かい合うわけにはいかない。

ネットを駆使して、どうにかお客さんを集めた。私の力ではない。畑亜貴さんの力だ。それでもどうにか、かたちになった。

この沖縄での無茶な落語会がきっかけとなって、今では定期的に会を開けるようになった。もう、何が引き金になるかなんて、わかったもんじゃない。

今現在、私が地方や全世界で行う落語会で、お年寄りをターゲットとする会はほとんどない。

ありがたいことに、かなり多くの落語会ができあがりつつある。あの時、自分に言い訳を重ねたままの人生だったら、こうはなってなかっただろう。

何かに言い訳しそうになった時こそが、最大のチャンスなのである。

稽古

稽古が好きというと、真面目だとか努力家というイメージが強くなると思う。

好き嫌い問わずに稽古とはするものだと思っているが、私の場合は一般的な落語の稽古はあまりやらない。

基本的に粗筋だけをざっくりと覚えて、本番中にできあがっていく感じだ。お客さんの反応がよかったら大幅に膨らませるし、逆に反応が悪いところは短縮したりする。セリフも特に決まっていないから、言葉足らずだと舞台上で感じたら次の登場人物に説明させればいいし、シーンが前後しても何とかなる。

脚本も演出も出演も私だ。だから、その場で台本を書き直せばいいし、演出だって瞬時に対応すればいい。

登場人物の名前を間違えることもよくある。これは素直に反省している。ごめんなさい。

こういうやり方を嫌う人がたくさんいるのはわかっている。特に古典落語の古典の部分にこだわりを持ってる人は、私を落語家とは認めたくないだろう。

実は私は、暗記することが致命的に苦手なのだ。きちんと診断してもらったわけじゃないので、甘えなのかもしれないが、未だに九九の七の段、八の段は間違える。子供があっという間に「寿限無《じゅげむ》」を覚える様には、尊敬の念を抱いてしまう。

その代わり、物語を作るのは恐ろしく早い。

ある時、ラジオドラマの脚本を依頼された。それを4時間で作って提出したら、かなり驚かれた。ラジオドラマの脚本業界で、このスピードはちょっとないらしい。

覚えるのが苦手な反面、得意なことはなんとなくわかっている。粗筋さえあれば、その場で落語にできるのだ。

地方公演でたまにやるのだが、本番前にその土地にまつわる昔話を教えてもらう。それを直後に落語にして、高座にかけるのだ。昔話だから、落語の世界観に合う。出てくる小道具や生活にまつわるものなんかも、落語そのものだ。だからより作りやすい。

これは私の優れた能力、才能だと思い込むようにしている。誰にでもできるかもしれないが、やろうとしたヤツはそんなにいないのだ。

稽古を全くしないというのは嘘になる。実はしているのだ。本番の高座の上で。

前に書いたように、私は毎月、東京で落語会をやる。ネタ下ろしはほとんどこの東京の会だ。「こしらの集い」と名付けたこの会は、多い時は毎月、浜松、名古屋、津、京都、大阪、東京と、全6回行っていた。

そう。毎月6回同じネタをやるのだ。しかも短期間で。お客さんの反応を見ながら各会場で手直ししていくから、どんどん完成度が高くなっていく。これ以上ない稽古だ。

そして、こうして完成度を高めたネタを、集い以外の東京や地方の落語会でかける。

わかりやすくまとめると、こういう流れになる。

①東京の集い（ネタ下ろし）
②地方の集い（ブラッシュアップ＆稽古）
③東京の落語会（集いの中でも出来のいいネタをやる）
④地方の落語会（東京の落語会でやったネタの中から、さらにわかりやすいネタをやる）

スポーツの世界では、100回の練習（家で畳に座って何度も繰り返す）より1回の試合（本番の舞台）の方が上達すると言われている。私も「そうだなぁ！」と思う。

立川流が出られない寄席。ここは10日間の興行が基本で組まれている。10日間毎日落語をやるのだ。同じ噺でもいいし、違ってもいい。落語の完成度は、この高座数の多さに比例するだろう。同じ噺を違うお客さんにぶつけると、より多くのものが見えてくるのだ。

ただ、寄席はなくても、似たような状況は作れる。毎月の地方（東京以外ってことね）の集いは、私にとっての寄席であり、稽古の場。落語をブラッシュアップするためには、とても大切な場所なのだ。

落語界

何の予備知識もなく飛び込んだ落語界。最初は戸惑うことの連続だったが、かなりゆるい業界だと気が付いた。

まず、誰でも落語家になれるというのが驚きではないだろうか？

少なくとも古典芸能というジャンルである。伝統を受け継いでいくのだから、大きな責任があるイメージなのだが、落語家になるまでの経験には何も制限がない。筆記試験もなければ実技テストもない。学歴も問われないし、年齢や前職も問題にされない。

ただ、年齢については少し状況が変わってきた。いくつかある落語の団体によっては、入門は30歳までという縛りがある。何故そんなルールができたのかと言えば、40歳を過ぎてからの入門希望が増えているからだ。

昔から高齢の前座は少しいた。しかし現在は、第二の人生に落語を選ぼうなんて不届き者が増えてしまったのだ。これまで若くない前座はいても本当に少数だったから、特に問題にもされなかっただけで、高齢の前座が増えてくるとシステムの見直しが必要になる。そういう意味では年齢の縛りは少しきつくなっている。

制限と言えばこれぐらいだ。

何より、その業界を全く知らない私が入門できてしまったという事実が、落語界のゆるさを物語っている。

入門を許してくれた師匠志らくには、どんなに感謝してもしきれない。

ありがとうございます。

私はこの業界に入ってから知ることになるのだが、一般的に言ったら「どうしようもない」先輩が相当な数いる。

もちろん、人間的にどうしようもないと思えるだけで、高座での姿は憧れの対象だ。ただ、人間的にも芸人としても、素晴らしいなんて先輩は、本当にごくわずかだ。全体の2％ぐらいだろう。

かく言う私もそうだ。一般的に言えばいろいろ問題があるのは承知している。しかしそれでもいいのだ。問題は高座の上でどれだけ輝けるかだ。

いや、もっと言えば、高座に上がらなくてもいい。落語を全くやらなくても、落語家のライセンスは剥奪されないのだ。

落語での収入が年間いくら以下の落語家は認めない――。そんな決まりがあっても良さそうだが、何もない。自分の師匠をしくじらず、一門の系譜に連なることができていればプロの落語家でいられる。プロという概念がよくわからなくなるが、それでいいのだ。難しいことは誰かが考えてくれる。

「厳しい」とは真逆の枠組みでできあがっているのが、落語界だと思っている。

その反面、師弟を含む上下関係はとても厳しい。現代に照らし合わせたらパワハラのオンパレードだ。でも、耐えられないなら辞めればいい――。私はここに落語界の一番大きな思惑があると考えている。

嫌なら他に行けばいいのだ。これは、他に行ける選択肢が残っている人に対する優しさではないだろうか？　そんなにいい世界じゃないから、他で通用するならここにいない方がいいよ――。そんなメッセージだと思っている。

とてつもない才能で、落語界を常にリードしている師匠志らくのような存在は、本当に一握りだ。大半の落語家は私を含めて、どうにかこうにか生きている。

社会のルールから落ちこぼれそうな、どうにもならない人の受け入れ先を一部担っているのが落語界だ。社会のセーフティーネットからズリ落ちそうな人も、落語家になることでなんとかなっているのだ。

前座修業という制度がある。これはもう理不尽の塊《かたまり》だ。おかしなルールはあるし、上下関係は度を越している。

しかしここで身に付く重要な事柄がある。

「目上の言葉は聞かなければならない」

このことを叩き込まれるのだ。

これまでの常識や正義などは何の役にも立たない。自分の価値観はいったん脇に置き、とにかく「聞く」のだ。半ば洗脳と思われるような、圧倒的な上から下への矢印に慣れなくてはいけない。

実はこれ、ある意味でとても合理的な教育制度である。

このような状況に置かれると、人はビクビクしてオドオドする。常に誰かの目を気にするようになる。そうなのだ。誰かの目を気にするクセがつくのだ。

そこにあるのは自己主張ではなく、誰かに合わせること、寄り添うこと。その延長線上には、相手の気持ちを理解するという、コミュニケーションで一番大切な項目が待ち構えている。これを徹底的に叩き込まれるのが前座修業なのだ。

全人類に好かれる必要はなく、身の回りの数名に好かれれば何とか暮らしていけるのが日本という国だ。前座修業によってそれが可能になる。まずは最低限、誰も飢えないというラインをしっかりと身に付けさせる仕組みになっているのだ。

残念ながら優秀な人材をより伸ばそうという発想ではない。これ以上の脱落者を出さないという、集団として噺家を守るシステムが根底にある。だからこそ、他で通用する人材であれば他業種を勧めるのだ。

団体や師匠によっては、優秀な人材については不要な前座修業をごく短期間で終わらせているところもある。しかし、それはごく一部に過ぎない。

夢や希望が詰まってる世界では決してないのが、落語界だ。

おまけ

こしらのはんせい

物心がつく前

親に話を聞くと、電車が好きな子供だったらしい。陸橋の上から行き交う電車をいつまでも眺めていたそうだ。

残念ながら電車に対して強い思い入れを抱いたのはこの時期だけ。子供が電車好きというのはよくある話だから、この頃はまだ真っ直ぐに育っていたのだろう。幸運なことに今のところ、電車関連の趣味の発症はない。

ただ、「銀河鉄道999」のオープニングを観ると心躍ってしまう自分がいる。私のどこかに、〝鉄分〟を好む才能が隠されてないか、今もヒヤヒヤしている。

幼稚園

トンネルを掘るのが大好きだった。一人ではなく、二人以上でだ。

まずは山を作るのだが、なるべく大きな山である方が好ましい。できあがった山が大きい程、開通した時の感動も大きくなるからだ。複数人で掘る時は、山の回りに適当な間隔で並んで、中心に向かって掘り進むのがルールだ。真ん中を目指していれば、みんなのトンネルは必ずつながる。

しかし、これが簡単ではない。山の中は三次元だからだ。上下左右にズレる。自分では真っ直ぐだと思っていても、相手が間違っていたら開通しない。

自分の正しさではなく、お互いの都合をバランスよく主張しないといけない。

人間関係の全てを、このトンネル遊びから教わったのだ。

小学校1、2年生

絵を描くのが楽しかった。

最初は、コピー用紙みたいな薄い紙を絵本の好きな絵に重ねる。そしてうっすら、本当にかろうじて透ける程度の線をなぞって絵を写すのだ。なぞってるのに線が安定しないから、なんだか自分だけの絵になった感じがして、時間があればいつまでもやっていた。

写したいから絵本を買ってもらう。今考えればとても志の高い絵本の購入動機だ。いつまでも写してると飽きるのだろう。しばらくしてからオリジナルの船を描くようになった。もう、武器満載で世界中の人を殺せるぐらいの凶悪な戦艦だ。

小学校3、4年生

どちらかというと引っ込み思案タイプだった私に、大きな転機が訪れる。音楽の授業だ。合唱の時間、先生の「大きな声で歌って!」という呼びかけに、何故か反応してしまった私。試しに大きな声で歌うと、とても楽しいことに気付いてしまった。引っ込み思案の私が大きな声を出せる瞬間、それが音楽の時間だった。合唱が楽しみで仕方なかった。カスタネットの時間だと落ち込んだものだ。

待ってましたとばかりに、合唱の時間に大きな声で歌い上げていると、先生に指されてしまった。「一人で歌ってみなさい」と! みんなで歌って紛れるから大きな声で歌っていたのに! 誰かに聞かせるためじゃなくて、自分が楽しいから歌っていたのに!

あの時の恥ずかしさと憤りは今でも覚えている。

しかし、引っ込み思案な私は、それを拒否するなんて選択肢があることにすら気が付かない。オドオドと小さい声で歌うと、

「もっと大きな声で！」

非情なまでの先生の命令に逆らえるハズもなく、みんなで歌ってるつもりになって大きな声で歌った。もう、恥ずかしさで胸がいっぱいだ。

歌い終わると先生がべた褒めしてくれた。一番上手いと言ってくれたのだ。取り柄のなかった私に、一つ特技ができた瞬間だ。私は歌が上手かったのだ。

小学校5、6年生

自信を持てることは、人生において重要だ。歌をきっかけに私は活発になった。

吹奏楽部、サッカー部、水泳部、陸上部と、入れる部活には全て入っていた。授業中も積極的に発言し、勉強も運動も一番という程ではないが、上位であった。全て歌のおかげだ。

バレンタインデーにはチョコをもらったり、学校に行くのが楽しくて仕方がなかった。

そして6年生の前期に、児童会長を務めるまでになった。毎朝の国旗掲揚と毎月の全校生

徒の前でのスピーチ。人前に出る基礎はここで学んだのだ。

小学校に面する通りを「あいさつ通り」と命名し、みんなであいさつしましょうという活動も私が立ち上げた。

放課後、有志だけで行っていた地域のゴミ拾いも、校長先生とか教育関連の偉い人などから表彰されたりした。

ゴミを拾うのが面白かったから、ゴミがなくなるのが楽しかったからやっていただけなのに、大人たちが想像以上に感激しているのを見て醒めてしまった。同時に大人はチョロいということも学んだ。

そこから大人（主に先生）が喜ぶことを積極的にやってみた。私の評価はうなぎ登りだ。本当にチョロい。

ただ残念ながら、私のベクトルが大人に向かうと、女の子からはモテなくなってしまった。ここでも私は大きなことを学んだ。両立は難しいということと、少し悪いヤツの方が、女の子には好まれるということだ。

中学時代

優等生と思われるのが息苦しくなり、人と違うことばかりを選んでやった。部活も卓球部に入って、車とかバイク、恋愛に興味を持ち始めた同級生とは一線を画すようになった。

拒絶したわけじゃない、目立つことをやめたのだ。みんなとそこそこ上手く付き合って、可もなく不可もなく生きていた。

歌を歌うこともやめた。と言っても、授業中に大きな声で歌わないってぐらいだが。褒められるのが楽しくなっていたのだ。最初は楽しいから自分のために歌っていたのに、あの褒められた瞬間から、誰かのために歌っていた。

結局、卓球とアニメとゲームに明け暮れた3年間だった。

元々引っ込み思案な私には、このカテゴリーが向いていたのかもしれない。アニメとゲームに、私は何度助けられたかわからない。中途半端ではなくやりきったからこそ、今でも私の力になってくれているのだ。

と言っても、千葉の田舎の子供が手を出せる範囲内でだ（私は東金《とうがね》出身だ）。回りが急速に大人になろうとして「子供向け」から積極的に卒業する中、だらだら続けているだけでも、十分ハマっている状態だ。

勉強も程々、運動も程々、ザ平均といっていいスペックだった。

高校時代

平均的な中学生の私は、将来に大きな夢や目標を抱かなくなった。高校を卒業したら就職して、まあそれなりに生きていくのだろう。そんな気持ちでいたから近所の商業高校に入学した。

しかし入学式の当日、クラスメイトが教室のベランダで喫煙したのが発覚して停学になった。あまりにも馬鹿過ぎる！　こそこそ隠れるという発想すらないのだ。俺はこんな底辺に来てしまったのかと焦った。もっと本気でやらないと大変なことになると心底思った。

この日からクラスメイトと喋るのをやめた。仲間に入りたくなかったのだ。だってそうだろう？　あまりにも馬鹿なんだから。

高校には、不愉快な先生が大勢いた。

小学生の頃から私は知っているのだ、大人はチョロいと。チョロいくせに調子に乗ってるのが、この不愉快な先生たちだ。高校時代のあり余るエネルギーは、（不愉快な）先生方を懲らしめることに使われた。

何一つ校則違反はしない、でも授業は寝てるかサボる。テストの成績は悪くない。正論という屁理屈を振りかざして、先生を追い詰めるのだ。先生が間違っているということを何度職員室で説明したか。友達がいなくて暗いくせに、肝は据わっている（小学生の頃に鍛えてあるから）。性質《たち》が悪いというのはこのことだ。

卒業後

バンドをやる↓やめる
芝居をやる↓やめる
お笑いをやる↓やめる
落語をやる↓今真打

あとがき

子供の頃、私の回りにはたくさんの大人がいた。

毎年秋になると開く「店」。よくよく考えたら店ではないのだが、子供だった私たちは「店」と呼んでいた。普段は誰も住んでいないのだが、秋になるとひげのお爺さんが縁側に座る。親に聞いても、隣近所の大人に聞いても空き家だと言う。秋しか見かけない爺さん。この爺さんが縁側に現れると、友達みんなで「店が開いたから見に行こう」と前を通るのだ。じっと見るわけじゃない。爺さんがいるのを確認するだけなのだ。

これは「店の爺さん」。

「100トン」という大人もいた。少し奥まった家に住んでいる、年齢不詳の大人。「10

0トン！」と大声で叫ぶと追いかけてくる。しかし絶対に逃げ切れる。驚く程太っているからだ。

「イエスさま」。

聖書をあげるから一緒に読もうと誘ってくる大人だ。私は一度一緒に読んだことがあった。最初はニコニコしているのだが、漢字を読み間違えると雲行きが怪しくなる。小学校低学年には難し過ぎるのに……。そして、姿勢が悪いとか声が小さいとか、文句をつけてくる。その上、一生懸命読んでも約束の聖書はもらえない。学校の授業の方がまだましだった。

「ヒロシおじさん」。

誰だかよくわからないけど、私の家の離れに住んでいた。ヒロシおじさんの部屋には入ってはいけないというルールがあった。興味のあった私は何度かこっそり侵入してみた。なんてことはない、魚拓が壁一面に貼ってあるだけで、私の好奇心を満たすモノは何もなかった。

「ジョーズ」。

小学生以外は全部大人にカウントしていたが、今考えれば高校生か大学生だったと思う。東京で騙されて、映画のチケットを買った人らしい。誰が言い出したのか、「ジョーズ」と呼んでいた。スピルバーグの映画『ジョーズ』を知ったのはもっとあとの話。

「口をきいちゃダメな人」。

どこの家でも「口をきいちゃダメ」と言われていた大人。みんな「おじさんとは口をきいちゃだめって言われてるもん」と、そのおじさんに向かって後ろから囃し立てていた。すると、振り向いてニヤッと笑う。それを合図にみんな逃げる。近寄っちゃいけないという意味の「口をきいちゃダメ」の約束を誰も守っていなかった。

今思い返してみると、「100トン」と「口をきいちゃだめな人」は、本当にアウトな人だったのかもしれない。


他にも「鉄のワナ」「テストじじい」「たけのこトロッコ」……、あだ名を持つ、様々な種類の大人がいた。

普通の大人か、それ以外の大人か。子供心になんとなく分けて考えていた。あだ名が付く大人は、それ以外の大人。そう、「それ以外」の大人がたくさんいたのだ。

同級生にはヤクザの倅《せがれ》もいたし、素行が悪い先輩もよく見かけた。「あのようになってはいけません」という例題が山のようにあった。

では、40歳を過ぎた今の自分はどうだろう。

1カ月間に仕事が2日しかない（最近はそんなことはほとんどないけど）。

寝ずにゲームをしている。

身なりがあまり良くない。

公園で寝ることもある。

そして家がない！

落語家の肩書きを取ったらこんな感じだ。

どこからどう見たって「それ以外」の大人だろう。


今、世の中はとても綺麗だ。清潔で平等でゴミ一つ落ちてない道が、未来までいくつも延びている。その行き着く先はどこなのか？　誰からも文句の出ない大人になるだけではないだろうか？

「あのようになってはいけません」

それをしっかり守った結果は、「あのよう」にならなかっただけではないだろうか？

こんなに綺麗で平等な日本ですら、実名・匿名にかかわらず、悪意や嫉妬が渦巻いている。

これまで小さいコミュニティや個人の中で押し殺されたり解消されたりしていたものが、ネットの利便性に乗っかって拡散され、数という力を持ってしまう。ちょっとした冗談は犯罪に分類され、わずかなミスでも失格の烙印を押される。みんな正しいことに縛られすぎていないだろうか？　正義のスケールが小さくなってると感じてしまう。

一度レールから外れたら、元の流れに戻るのは至難の業だ。戻れないとわかっていても、戻るための努力を周囲は強いるだろう。どうしてこうもみんな、同じ道を歩こうとするのか。それ以外の道を知らないからではないだろうか？

私の子供時代は、道を逸れた先輩方がたくさんいた。そうなってはいけないと言われていたが、仮にそうなったとしても、みんな何とかやっていけていた。それを実際に見て、知っていたというのは、私には大きな財産である。言い方は悪いが、最悪「あのよう」になっても生きていけるという安心感があるのだ。私にとっては心のセーフティネットだ。

「１００トン！」と子供たちにからかわれて、それを追いかける毎日。それだって、そんなに悪くないと思えるのだ。

人はどんな状況でも幸せを感じることができる。

夏場の部活で一日走り回ったあとの水のうまさ。校庭の片隅にあった、ただの水道水だ。何万もする高級ワインでも、あのうまさには敵わない。

授業中、先生に指されて上手く答えられた時の達成感だってそう。

田んぼのあぜ道を自転車で駆け抜けた疾走感。

これは全部、私自身が感じた幸せだ。

何一つ特別なことはしていない。どこにでもある、ありふれた日常の一コマ。全ての人が幸せと感じる事柄ではない。でも確かに私は幸せを感じていた。


幸せのかたちは無数にある。

共有できなくたっていいじゃないか。皆に羨ましがられる必要なんかどこにもない。大きい小さいも、上下もない。幸福を感じた者勝ちだ。

誰かに質問されたら即答できる。

「毎日楽しいですよ!」と。

そりゃ、生きてれば辛いことだって多少はある。本当はたくさんあるけど、忘れちゃえばいい。自分が今現在、楽しいと思えることで時間を埋め尽くすのだ！　自ずと辛いことは枠の外に押し出される。あとは自分が馬鹿である可能性にかける。記憶容量が少なければ、古い記憶は上書きされるだろう。

馬鹿は最大の武器だ！

「家がないんですよ」

そう言うと冗談だと思われる。

冗談じゃないとわかると、触れてはいけないところに触れてしまったという空気になる。

それでいい。

家がないことを誰もが受け入れるような時代になってしまったら、私の価値もこの本の価値もなくなってしまうから。

私だけが感じる幸せがここにあるのです。

2018年12月

立川こしら

立川こしら（たてかわこしら）

落語家。落語立川流真打。1975年千葉県東金市生まれ。'96年、立川志らくに弟子入り。2012年、真打昇進。落語の他、ラジオパーソナリティー、WEB製作、オリジナルグッズのデザイン、伊豆で養蜂・無農薬農業など、活動は多ジャンルにわたる。'17年より海外公演開始（開催地：オーストラリア、ニュージーランド、バルセロナ、ヒューストン、ニューヨーク、メキシコ）。avexよりCDを5枚発売中。「高速落語R-30（Vol. 1～3）」「真打昇進記念盤 高速落語 大ネタ十」「死神」。立川こしら公式サイト　https://daipuro.com/

その落語家《らくごか》、住所不定《じゅうしょふてい》。タンスはアマゾン、家《いえ》のない生《い》き方《かた》

2019年1月30日初版1刷発行

著　者 ── 立川こしら
発行者 ── 田邉浩司
装　幀 ── アラン・チャン
印刷所 ── 近代美術
製本所 ── 榎本製本
発行所 ── 株式会社光文社
東京都文京区音羽1-16-6（〒112-8011）
https://www.kobunsha.com/
電　話 ── 編集部03（5395）8289 書籍販売部03（5395）8116
業務部03（5395）8125
メール ── sinsyo@kobunsha.com

 ISBN 978-4-334-04394-0

光文社新書

984
外国人に正しく伝えたい日本の礼儀作法
小笠原敬承斎

食事や公共の場、神社やお寺での作法とは。清潔さや勤勉さを重視する理由は。日本の文化やしきたり、日本人が大切にしている習慣や振る舞いについて、真の意味から説き起こし、学び直す。

978-4-334-04390-2

985
死にゆく人の心に寄りそう
医療と宗教の間のケア
玉置妙憂

死の間際、人の体と心はどう変わるのか？ 自宅での看取りに必要なことは？ 現役看護師の女性僧侶が語る、平穏で幸福な死を迎える方法と、残される家族に必要な心の準備。

978-4-334-04391-9

986
吃音の世界
菊池良和

言葉に詰まること＝悪いこと？ 吃音症の人は一〇〇人に一人の割合で存在し、日本には約一二〇万人いると言われている。自ら吃音に悩んできた医師が綴る、自分と他者を受け入れるヒント。

978-4-334-04392-6

987
世界一のメートル・ドテルが教える
利益を生むサービス思考
宮崎辰

サービスは、おもてなしにあらず。サービスは「商品」であり、お店や企業の営業ツールであり、ブランドの源泉でもある。世界一に輝いた著者が、新時代のサービスを詳らかにする。

978-4-334-04393-3

988
その落語家、住所不定。
タンスはアマゾン、家のない生き方
立川こしら

立川志らく師匠推薦！ 身一つで世界中の落語会を飛び回る、家さえ持たない究極のミニマリストである著者が、自らの生き方哲学と実践を初めて明かす。

978-4-334-04394-0